「光の国」日本になる！

届け！神様からの
愛と怒りの
緊急メッセージ

シャーマン
まゆみ

VOICE

天照大御神
舵を取るのは
女である。
引き上げなさい。

不動明王
気づけ!!
目覚めよ!!
行動せよ、
日本人!!

持蓮観世音

慈愛を持って
衆生を救いなさい。

宇宙からのメッセージを女に伝える。
女よ、目覚めて、真理を解き明かせ!
急ぐのです。
大日如来

丑

八臂弁財天

愛を持って接し、
気を巡らせろ。

大黒天
学びなさい！
二度と過ちを
繰り返さぬよう
腹に落とし込め。

世の流れが、
大きく変わる。
急ぎなさい！
市杵島姫命

伝えよ伝え、
輪《つな》げ和となれ。

はじめに

はじめまして!
シャーマンまゆみと申します。
本書を手に取ってくださり、ありがとうございます。

この本は、これまでの私の人生において〝シャーマン〟として生きてきたすべてを詰め込んだ本です。

まずは、私のことを簡単に自己紹介しておきたいと思います。
シャーマンという名前の通り、私はこれまで約2万人のクライアントさんに向けて個人鑑定を行ってきました。

現在、数ある私の活動の中でも、この個人鑑定は私の最も根幹になる部分であり、かつ、最も得意とする分野のお仕事です。

さまざまな問題を抱えたクライアントさんに対して個人鑑定を行う際には、その方の悩みや問題にふさわしい回答を神様からいただいたりしながら問題解決を行っています。

そして、その際には、必要であればクライアントさんにご縁のある亡くなった方との会話、病気などのために昏睡《こんすい》状態に陥り、普通の人なら直接意思疎通ができない方との会話なども行いながら解決に導くこともあります。さらには、ペットなど動物たちとのコミュニケーションも可能です。


そんな私が大切にしていることは、「一人ひとりの精神を整える」ということです。

なぜなら、精神が安定していれば、ほとんどの人は幸せな状態にいられるからです。そうすれば、誰しも問題を抱えて悩み、苦しむこともないからです。

そのために、心についてのことを学ぶ「神理学」のセミナーの開催や講演会、サロン運営などを通して、「一人ひとりが唯一無二の存在であり、何だってできるんだ！」「生きていることは、それだけですばらしいことなんだ！」ということに気づいていただくための活動に邁進《まいしん》しています。

また、今は共通の志を持った仲間たちとの出会いを通して、「楽園天国」というコミュニティづくりにも着手しています。

楽園天国とは、日本の未来を見据えて、自然農による自給自足、持続可能な社会を実現したエコビレッジのことであり、現在、京都の山で創造がはじまったばかりです。この活動についても、本書では詳しくご紹介しています。

他にもこの本では、私のこれまでの道のりの他に、リクエストの多い「神様とつながる方法」や有名人を占うコーナー、神様から受け取ったメッセージの数々、楽園天国のコアメンバーとの対談など、たくさんのコンテンツを詰め込みました。

どのページから読み進めていただいてもＯＫですが、私がこの本でお伝えしたいことは、先述の通り、あなたに自分が唯一無二の存在であることに気づいてほしい、ということ。そして、何より、この本を通して元気になってほしい、ということです。

そんなあなたになっていただくためにも、特に第4章の「あなたも神様とつながれる」のワークは何度も繰り返し実践していただければうれしいです。

それでは、この本の終わりには、笑顔になれたあなたと再びお会いしましょう！

シャーマンまゆみ

目次

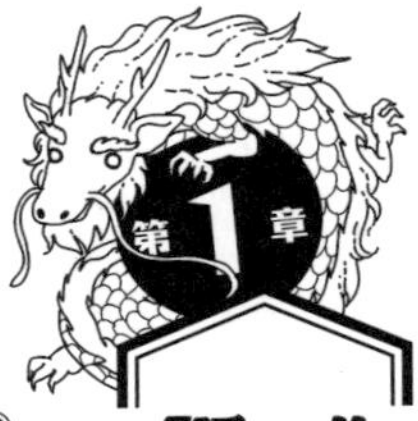

第1章 〝シャーマンまゆみ〟が誕生するまで

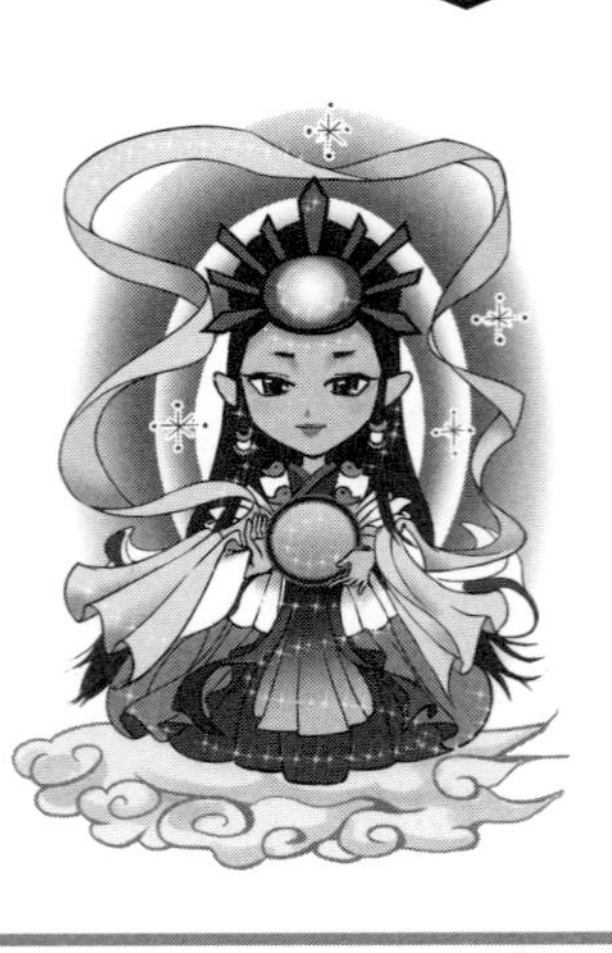

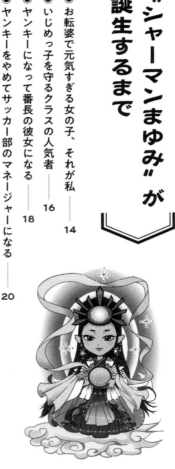

第2章 神様の仕事に生きる

第3章 皆に届け！ 神様からの声《メッセージ》

COLUMN 1

神様からのメッセージで生き方を変えた人たち

第4章 あなたも神様とつながれる！

第5章

神様が伝える未来
——日本は困難を乗り越えた後、「光の国」になる

第1章

〝シャーマンまゆみ〟が誕生するまで

お転婆で元気すぎる女の子、それが私

最初に、私のこれまでの人生の道のりを駆け足でお伝えしたいと思います。

私は京都市内で文房具屋を営む両親のもと、４人姉弟の次女として誕生しました。

小さい頃は、とにかくお転婆で自由奔放、元気すぎる女の子でした。

一方で、２つ上の姉は優秀で成績もよく、生徒会に立候補するなど、常にリーダー的存在。１つ下の妹も優秀でやさしく、面倒見のいい親思いの女の子でした。

４つ下の弟は三姉妹の後に生まれた待望の男の子だったことで、とにかく家族から可愛がられてワンパク少年に育ちました。

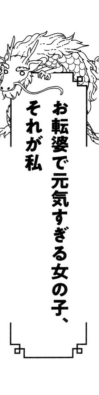

我が家は、両親と4人の子どもたち、父方の祖母と叔母の8人という大家族だったというだけでなく、両親の友人たちが我が家に集まることが何かと多く、常ににぎやかな一家でした。

自宅は決して裕福な家ではなかったのですが、週末に大勢の人が集まるときは、食卓にもたくさんのご馳走《ちそう》が並ぶのがうれしかったのを憶《おぼ》えています。

今でもたくさんの人たちと集まることが好きなのは、そんな小さい頃の記憶があるからかもしれません。

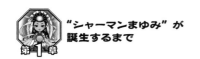

いじめっ子を守るクラスの人気者

さて、私はと言えば、成績が優秀な姉とは別の意味で目立つリーダー的存在でした。

勉強はできないけれど、スポーツに関しては男子と競い合っても負けないほど運動神経は抜群。負けず嫌いで、体育だけはいつも1番でした。

その後、中学に入ると陸上部に入り、地区大会などにも出場するなど、競技において選手生活を送ることになります。

そんな私は、小学校から、常にクラスではいつも人気者でした。

正義感が強かったからか、いじめられている子がいるとその子を守り、いじめっ子を諭すようなところがありました。

その結果、いじめられっ子とクラスの人気者である私が仲良くなることで、自然とクラスからはいじめがなくなっていったものです。

また、聴覚障害の子がいて、クラスで孤立していたこともありました。そんなときは、私がその子と身振り手振りでコミュニケーションをとるようにしていたら、他の生徒たちも同じようにその子に興味を持つようになって、やがて、その子もクラスの皆の輪に加わって全員が仲良くなっていきました。

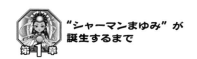

ヤンキーになって番長の彼女になる

そんなふうに、クラスでは皆をまとめる役割を果たしていた私は、中学校に上がると次第にヤンキー（今では死語!?）と化していきました。

中学生になっても、相変わらず人気者で男子生徒からもモテまくっていた私が、男子生徒から告白された中で選んだ彼氏は、学校の番長でした。

彼はサッカー部のキャプテンでもあり、やさしくて強い、思いやりのある男子。ケンカも強いけれど、サッカーも上手くてチームやクラスの皆を引っ張るカリスマ性のあったことで、学校では大の人気者。

私は、そんな彼の彼女となったのですが、２人が一緒に廊下を歩くと、周囲にいた他の生徒たちがサーッと両端によけていくほど、2人はあまりにも目立つカップルだったのです（笑）。

しかし、その後、彼はサッカーの強い高校へ進学。

私は受験した高校にすべて落ち、定時制高校へ通うことに。でも、昼夜が反転した定時制高校へ通っていると、やはり、昼間の学校へ通いたくなり、1年間浪人して勉強に励み、昼間の学校を再受験し合格したのです。

こうして私は、晴れて、改めて新たな高校生活を送ることになりましたが、かつての同級生の1年下の学年になったことで、1年下の子たちは、私が中学で目立っていたため最初は誰も私と話してくれなかったのです。

高校生活の方は、勉強は相変わらずそっちのけでした。

バイクの免許を取ると、仲間たちと集団になって夜の街を夜が明けるまでバイクで〝族〟となって走りまくっていました。

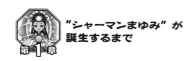

また、タバコを吸ったり、時には家出をしたり、一時的だけとはいえ頼まれて代理でレディース総長をしたこともあるほどでした。

ヤンキーをやめて サッカー部のマネージャーになる

けれども、やがて、そんな生活も終わりを迎えます。

それは、サッカー部のマネージャーになったから。

私の高校、山城高校のサッカー部は、全国大会に出場するのは当たり前というサッカーの強豪校でした。

あの日本を代表する伝説のサッカー選手、釜本邦茂さんをはじめ、日本を代表す

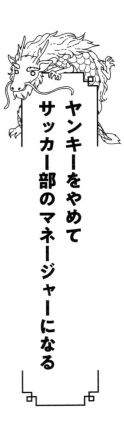

る多くのサッカー選手を生み出した有名な学校だったのです。

高校に入学して以来、グラウンドで真剣なサッカー選手たちの様子を見ていると、「私は一体、何をしているんだろう……」と思うようになり、いつしか、〝族仲間〟から離れて、サッカー部のマネージャーになると決意。

とはいえ、マネージャーは学年から1人しか選ばれないという狭き門でしたが、見事に私はその1人に入れたのです。

でも、せっかくマネージャーになれたのに、私はもっぱら他のマネージャーと違い、毎日、選手たちとサッカーをして遊ぶ日々。

監督からも可愛がられて、試合のときなど、普通ならマネージャーは入れないベンチにいつも入っていたことで、他の女子生徒たちからは、何かとひがまれていました。

今でも、たまに当時の部員たちと集まる機会があると、昔の思い出話で盛り上がります。

ちなみに、そんな私ですが、生まれてから20歳すぎて大人になるまで、「見えない世界」のこととは一切無縁でした。

よく、スピリチュアルの世界の人たちが、小さい頃から見えない世界と見える世界を行き来しながら成長してきたことを語りますが、私の場合は、そのようなことは一切皆無でした。

そもそもが、「見えない世界など、あるわけない！」と思っていただけでなく、どちらかと言えば、そういう世界は胡散《うさん》臭い、と思っていたほどです。

ただし、姉は小さい頃から見えない世界と通じる能力があったようで、今でもその能力を発揮しています。

また、聞くところによると、父方のご先祖様には優れた霊能者がいて、生前にはその力を発揮して周囲の人々を助けていた、という話も聞いたことがあります。

社会人から最初の結婚、そして離婚

さて、高校を卒業した私は、化粧品会社の資生堂に美容部員として入社することになります。

当時の資生堂は就職先としては女子の誰もが憧れる花形の職場で、容姿端麗な美女ばかりが採用されていました。

18歳当時の私はちょっと太目だったことから、周囲にも「絶対に無理！」と言われていたのですが、奇跡的に受かり、無事に社会人になったのです。

後で面接官の方になぜ私が受かったのかを聞いてみたら、「あなたはひまわりのようだったの。それに、あなたの笑顔は、太陽のようだったから！」という、うれしいお言葉をいただきました。

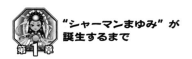

社会人としての新しい日々は毎日楽しく、1人暮らしもはじめました。

けれども、スレンダーな美人の社員たちに負けまいとダイエットに励むようになり、一時は拒食症になるほどでしたが、60キロあった体重を42キロまで落とすと、自分自身に自信が持てるようになっていきました。

すると、祇園《ぎおん》のクラブのオーナーからスカウトされ、昼間は働きながら、夜の世界にもデビューすることに。

その時が、ちょうど20歳。

人の話を聞くのが得意な私は、水を得た魚のように夜の世界でも人気者になって楽しく働いていました。

その後、友人から紹介されたある1人の男性の猛烈なアピールに、私は20歳で最初の結婚をすることになります。

夜の仕事を辞めた私は、夫とブティックをオープンするとお店は大繁盛。

ただし、夫の浮気の発覚をきっかけに、離婚することになり、私はブティックの経営から離れることになりました。私がブティックから離れると、そのブティックはすぐに潰れてしまいました。

自分の力に気づいていなかった頃

当時はまだ、スピリチュアルの世界に足を踏み入れていませんでしたが、結婚前に夜の世界で働いていた頃、ヤクザの男性と付き合っていたことがありました。

その彼が「すごく当たる占い師がいるから！」と言って、私をある年配の女性のところに鑑定に連れて行ってくれたことがあったのです。

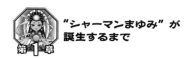

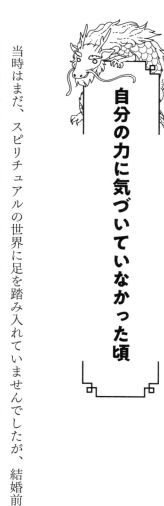

占い師の女性の目の前に彼がドン！と置いた3つの札束の料金に対して、鑑定時間はほんの3分にも満たない短い時間でしたが、彼女は、私のことを見て、「あなたには、ものすごい力があるわ。今はまだわからなくても、いつかきっと、後々になってわかる日が来るわよ！」と告げられたのです。

当時の私は、そんな言葉にもまだピンと来ず、「何を言っているんだろう……」くらいの感覚でした。

ただし、その〝ものすごい力〟というのはすでに起きはじめていました。

例えば、ブティック時代にお客様に名前、住所、生年月日などの情報を顧客カードに書いていただいている際、知らず知らずのうちに、そのお客様に対して、「もしかして、〇〇で困っていません？　〇〇すると、いいですよ！」などと、つい勝手にお客様へのアドバイスが口をついて出てしまうようなことがよくありました。

それは、自分でもわからないのですが、なぜだか、そのお客様に関わる情報がブワッーっと自分の中からあふれ出してくることがあったのです。

すると、そう告げられたお客様の方も驚いて、「え？　どうしてそんなことが、わかったの？　すごい！　でも、なんか気持ちが悪いわね～（笑）」と言われ、私も、「そうですよね！　気持ち悪いですよね（笑）」などと軽く返していました。

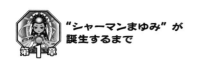

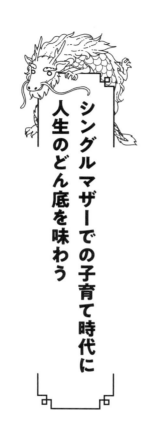

そんなやりとりがしばしばあったのは事実ですが、それでも、まだ見えない世界のことは、まったくこの頃は意識していませんでした。

シングルマザーでの子育て時代に人生のどん底を味わう

その後、ブティック時代に保証人になっていたため、５００万円の借金を返すために懸命に働きながら、30代を迎えた時に友人の紹介で出会ったのが2番目の夫でした。

そして、2番目の夫のもとで2人の子どもに恵まれたのですが、結果的に2年後にはその夫とも別れることに。

そこからの数年間が、私の人生のどん底時代でした。

シングルマザーとして、ボロボロのアパートで小さな子ども2人を育て、借金を返しながら生活もしていかなければならないため、幾つもの仕事を掛け持ちしていました。ついには、それでも追いつかず、生活保護を受けるなど、毎日本当に苦しくつらい日々を送ることになったのです。

この頃は、心身共にギリギリの状態であり、自分の精神が崩壊するのを防ぐために、お酒に溺れたこともありました。

また、私は幾つもの仕事に就いていたのですが、1つの職場には長続きしませんでした。

なぜなら、正直者で正義感が強く、誰に対しても忖度《そんたく》ができない私は、職場の店長、社長などトップの人にも真正面からぶつかっていってしまい、クビにされることも多かったからです。

小さい頃からいじめられっ子を助けて、いじめっ子の方をやっつけるような私は、やっかいなことに、そのまま大人になっていました。

私は、社会では〝大人の事情〟で間違っていることがまかり通っていることや、ずるいことなどが平気で横行していることに直面すると、「これは、おかしいですよね⁉」「間違っていませんか？」などと当事者に立ち向かい、煙たがれることも多かったのです。

ただし、今思うとこの頃、ありとあらゆる仕事の現場と人間関係を体験してきたことで、後に、セッションではさまざまな境遇や環境のクライアントさんのことがよく理解できるだけでなく、相手の立場になって考えることもできるようになっていったのです。

つらい時期があったとしても、決して無駄なことは1つもないのだと気づきました。

人間関係の〝すったもんだ〟が すべて丸見え

30代後半になると、目に見えない世界と通じる能力も、だんだんと自然に開発されてきました。

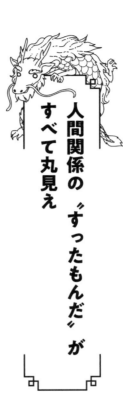

ある時から、神様からの声が聞こえてきたのです。

さらに、40代に入るとその声はかなり明確に聞こえはじめました。それは、勘違いやイメージ、幻聴的なものではなく、はっきりと自分の耳に聞こえてくる声でした。

また、目に見えない世界とつながる力について、この頃から自分でもきちんと認識しはじめることになります。

例えば、この世界に入る前に、あるネットワークビジネスに3年間ほど携わっていた頃、私は成績優秀者として海外ツアーに招待されるほど上層部に将来を期待されていました。

けれども、同じチームの人間関係の裏の〝すったもんだ〟がすべて見えてしまい、それが嫌になって、この世界ではやっていけない、とネットワークビジネスも辞めることになりました。

そんな私が正式にお客様の鑑定をはじめたのは、ある霊能力者の方にお会いした時のこと。

その方が「あなた、何しているの？　あなたは、人を救っていかなくてはならない人よ！　あなたには、ものすごい能力があるのだから！」と言われたことです。

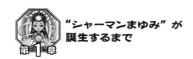

この時、かつて20歳の頃に出会った占い師の方と同じことを言われていることに気づきました。

その霊能力者のご自宅には大きな持《じ》蓮《れん》観《かん》音《のん》菩《ぼ》薩《さつ》様の像があったのですが、「これはあなたが持つべき！　持ってお帰りなさい！」と言って、なんとその大きな像を私に無料で譲ってくださったのです。

私は突然のことにあっけにとられながら、電車では到底持って帰れないほど大きな像を車で運び、持ち帰らせていただきました。

今でもその観音菩薩像は私の自宅に鎮座して、私のことを見守ってくださっています。

喫茶店の片隅でスタートした鑑定のお仕事

そんな流れもあり、その頃から少しずつ本格的に鑑定をはじめることにしました。

年齢にして、40歳くらいの頃です。

はじめの頃は、喫茶店の片隅で鑑定を行っていましたが、お客様もほとんど見えず、ぽつりぽつりという感じでした。

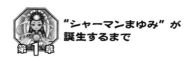

その上、お客様に対して本当にその人に必要なことを本音でバシバシと告げてしまうので、一時期は、ネットの大型匿名《とくめい》掲示板で叩《たた》かれたことがありました。

私もこんな性格なので、はじめの頃は、その掲示板に自ら乗り込んで「卑怯《ひきょう》やな！　匿名じゃなくて名前を名乗ったらどうなん？」などと自分で書き込みをして対決してしまうような未熟なところもありました。

ただし、当時お付き合いをしていた彼が私のマネージャー、そして、プロデューサー的な役割をしてくれた人だったので、彼がお客様との間のクッション材になってくれたり、トラブルになりそうなことも未然に上手く防いでくれたりして、活動もスムーズにいくようになりました。

当初は、1対1の個人セッションのみでしたが、少しずつ経験を積んでくると、大勢の人たちに向けて「心理学（後に神理学）」と名付けたセミナーや講演会なども行うようになりました。

それは、神様から、「今後、日本が進化していくためにも、もっと多くの人を導いていかないといけない」と言われたからです。

神様は私たち日本人が変わらなくてはならない。そして、そのことを急いでいらっしゃる、ということがわかりました。

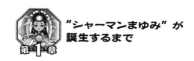

バリ島で現地のシャーマンから力を授かる

そんな私のパワーが一段とアップしはじめたのは、２０１６年からです。

それは、これまでのステージから数段階上がる、というほどのもので、この頃から神様のメッセージが、よりはっきり、くっきりと明確に聞こえはじめたのです。

それは、バリ島での神秘体験がきっかけでした。

突然、「バリ島に行け！」というメッセージが降りたので行くことになったのですが、バリ島に到着後に初めて、スピリチュアル関係の能力者たちが世界中から集まるイベントがあることを知ったのです。

そして、そのイベントにおいて、現地のある有名なシャーマンの方が、世界中から50人前後参加していたプロのスピリチュアリストの中から何人かを選び、自分の持っている力を与える、という儀式を行うことになったのです。

そのイベントに参加した私は、なぜかその数名のうちの1人に選ばれることになりました。

ちなみに、そのイベントには日本人はほとんど参加しておらず、私も自分が選ばれたことさえ最初はわからなかったのですが、通訳に促されて前に出ると、シャーマンに選ばれた他の数名と共に、現地のスタイルでブレッシング（祝福）の儀式をしていただきました。

すると、このバリ島での出来事をきっかけに、まるでこれまでの封印が解かれたかのように能力もパワーアップしはじめたのです。

例えば、それ以前は、「おそらく、こうなると思いますよ！」という推測で言っていたようなことも、この時からは、「こうなります！」とか「それは今、あなたが忘れているだけで、家に戻ったら必ず思い出しますよ！」などと明確な言い切り型に変化していったのです。

神様の声色もよりはっきり、そして低音になり、それまで何名かいらっしゃった神様・仏様の中でも不動明王様の声がメインになると同時に、この頃から未来のことなども教えてくださるようになりました。

以前は、未来予知などが降りてくることはありませんでした。

だから、２０１１年の３・11（東日本大震災）のことなど、自分では事前にまったく察知することなどはなかったのです。

けれども、この時期以降は、日本や地球の未来について、世界でこれから起きることなどが聞こえてくるようになりました。

例えば、２０２０年からはじまった新型コロナウイルスによるパンデミックが起きることは、２０１７年くらいにはもう教えていただいていたので、公にはその情報は出しませんでしたが、サロンのメンバーたちには警告とその対策などの情報を定期的に公開していました。

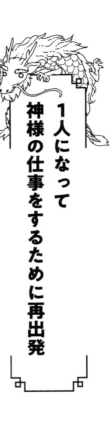

1人になって神様の仕事をするために再出発

さて、プライベートの方はと言うと、バリ島へ行くまでは、私をずっと長い間支えてきてくれた彼と、これからようやく結婚をするかどうか、という時期に来ていたにもかかわらず、結果的に、別れることになりました。

それは、やはり神様からの「彼と大勢の人たちのどちらをとる？」という声が聞こえ、私が「彼をとる！」と答えると、「まだわからないのか⁉」と言われたいきさつもあり、また、2人の間にもいろいろな問題が生じてきていたことから、私たちの関係も終焉《しゅうえん》を迎えることになったのです。

そこからの私は、自分のプライベートや自分が幸せになることを捨て、人生を神様に捧げたかのような日々がはじまります。

「まずは、できるだけたくさんの人を救いなさい！」という神様の言葉に従い、鑑定を通して多くの人々の悩みや生き方の相談に乗ってきました。

その後、セミナーや講演会などもスタートすることで、より多くの人々に私の声を届け、また、さまざまな人々との出会いも広がり、さらに新たな活動も展開していったのです。

第2章

神様の仕事に生きる

鑑定では悩み・問題の解決策まで伝えることが大事

第1章では、私のこれまでの道のりを通して、目に見えない世界のお仕事をはじめることになったいきさつなどをお話ししてきました。

この章ではもう少し詳しく、私にメッセージをくださる神様とはどのような存在なのか、そして、私と神様の関係について、神様が私たちに伝えたいことなどをお伝えしていきます。

現在、第5章でもご紹介する「楽園天国」というエコビレッジのコミュニティづくりなど、さまざまな活動に携わっている私ですが、この私が最も得意とするのは、やはり、以前からやってきた個人鑑定です。

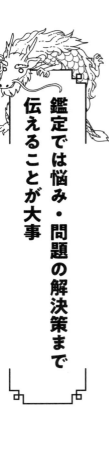

個人鑑定ではその人の名前と生年月日、本人に直接会える場合ならその人の目（特に黒目を見つめること）、直接会えない場合は、名前と生年月日に加えて、その人の写真・画像があれば鑑定が可能です。

特に私が自信を持っているのは、その人に悩みや問題点がある場合、そのためのリーディングを行い、その悩みや問題を解決するところまでご提案できるということです。

未来を予測できる霊能力者や占い師の方々は、数多くいらっしゃいます。

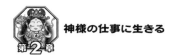

例えば、「今の場所からすぐ引っ越ししないと、病気になるわよ！」とか「〇〇のままだと、一家が破産するわよ」などと、依頼者に対して、「このように望まない未来になる」「こんな悪い結果が訪れる」、ということを脅すように伝える人は多いものです。

けれども、では、そのことを伝えた後に、その人に対して「そんな結果を導かないためにはどうすればよいのか」、というところまでお伝えしてあげられる人は意外と少ないものです。

鑑定を依頼する人たちは、実際に、そこの部分を一番聞きたいのです。

自分の人生に起きる望まない未来のことを告げられ、恐怖や不安だけを与えられて鑑定が終わることになるなら、鑑定の意味はありません。

私だったら、もし、その人がある問題を抱えているとする場合、その問題を引き起こしている原因を突き止めることができます。

もし、その人の悩みや問題が望まない未来を導いてしまうと予測されるのなら、それを起こさないための解決策をお伝えできる、というところには自信を持っています。

そして、そこの部分を答えていただくのが私についてくださっている神様たち(中には仏様もいらっしゃいますが、人智を超えた高次元の存在の方々という意味で、〝神様〟と呼ばせていただいています)なのです。

一方で、私にも得意でない分野があります。

それは、その人の身体のオーラやチャクラなどを見ること。そして、そこから何かメッセージなどを紐解《ひもと》いたり、オーラやチャクラなどを用いてヒーリングなどを行ったりすること。このような分野は、私の専門分野ではないようです。

また、自分でできることなどは神様に聞けません。

例えば、「どうしたら、痩せられますか?」みたいなことは、「そんなこと、神様にはよう聞かんわ！　自分で調べてください！」としかお伝えできません（笑）。

他には、未来予知も行うことができます。例えば、2024年元旦の能登半島地震、続いて起きた同年9月の能登半島豪雨のことも事前に予知していたので、サロンメンバーや親しい方にはお伝えしていました。どちらも本当に起きてしまい、驚くことになりました。

神様が私を選んだ理由

ではなぜ、私は神様からのお役目を担うことになったのでしょうか？

それは、神様いわく、私が「アホやから！」ということでした。これは、私が実際に質問をした時に聞こえてきた〝そのままの言葉〟です。

関西と関東では「アホ」という言葉のニュアンスも違います。

例えば、関西の〝アホ〟には、関東の〝アホ〟という言葉にはない温かさや愛情の意味合いがあったりするものです。一方で、関東のアホは、いわゆるバカという意味合いが強いでしょう。

この時、神様が意味するアホという言葉は、「私が素直で正直者だから」ということでした。

つまり、神様から「こうしなさい！」と言われれば、そのまま「はい！」と素直にそのことをやるからお前を選んだんだ、ということでした。

要するに、神様からの指令に何か疑問を持ったり、神様に対して、逆に意見をしたりすることもなく、疑いもなくそのことを言われた通りにそのまま正直に行うのが私であり、話すことのできない神様の代弁者として、私が選ばれたのです。

また、神様から言われたのは、「笑いを通して人々を目覚めさせなさい」ということ。

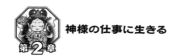

スピリチュアルの世界のことを難しく、また、シリアスな感じで伝えるのではなく、皆が笑顔になれるような楽しいやり方で行いなさい、ということでした。

また、神様が伝えたい内容がその人にとってキツいものであったとしても、笑いや冗談を取り入れながらお伝えすることで、すんなりと納得してもらえることもわかりました。

関西人の私にとって、そんなことはお手の物だったのです。

こうして私は、神様からの「まずは、一人ひとりに向き合いなさい」「メディアにはまだ出る時期ではない」という指令のもと、ＴＶの占い番組への出演依頼などがあってもすべて断り、しばらくの間は個人セッションのみを中心に地道に活動を続けてきたのです。

私についてくださっている８柱の神様・仏様

ここでは、もう少し詳しく神様についてご説明しておきましょう。

現在私には、8柱の神様・仏様がついて、私を導いてくださっています。

まず、日本神話に登場する最高神であり太陽神でもある**「天照大御神《あまてらすおおみかみ》様」**は私の人生にこれまでずっとついてきてくださり、私の成長を見守ってきてくださっている神様です。

続いて、鑑定時に登場してくださるのが、主に**「不動明王様」**と**「持蓮観音菩薩《じれんかんのんぼさつ》様」**です。

不動明王様と言えば、仏教の中でも密教の最高位にあるとされる大日如来の化身とも呼ばれている仏様です。

また、「持蓮観音菩薩様」は蓮《はす》の葉の上に立ち、両手で一輪の蓮の花を携えている姿で知られている慈愛深い観音様です。

そして、鑑定内容により七福神としても知られている**「辨財天《べんざいてん》様」**と**「大黒天様」**、また、観音様や宇宙そのものを象徴するといわれている**「大日如来様」**が出てこられます。

その後、**「市杵島姫命《いちきしまひめのみこと》様」**と**「龍神様」**が加わっていただき、計8柱となりました。

さらには、２０２４年の８月からは黒龍、金龍がつき、どんどん神様・仏様からのバックアップが強烈になってきています。

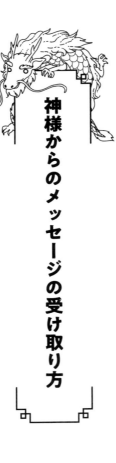

神様からのメッセージの受け取り方

当初は、どんな神様が私にメッセージを届けてくださるのか、自分でもわかりませんでした。

けれども、自分に聞こえてくるメッセージを鑑定を通して私が皆さんにお伝えするようになった頃、あるクライアントさんから「どなたが答えてくださっているのですか？」と質問がありました。

そこで、「どなたが私についてくださっているのですか？」と聞いてみたことで初めて、それぞれの神様の名前がわかったという感じです。

基本的に鑑定の際には、神様・仏様の意識、声が私のすぐ側で語りかけてくるようなイメージなので、チャネリング的なものではありません。

メッセージを受けている際も、私自身の意識は常にはっきりしています。

だから、トランス状態などになることもなく、また、メッセージが降りてくるときも私自身の声色が変わるわけではなく、私は普通に顕在意識のまま、神様・仏様からのメッセージを聞きながら、それらをクライアントさんに伝えています。

すでにお伝えしたように、最初の頃は、それぞれの声や口調に違いや特徴がありました。

また、クライアントさんの悩み別に、お答えいただける方がある程度決まっていたのです。

例えば、恋愛の悩みに答えるのが得意な神様、仕事やキャリアのことに強い神様、家庭問題や子育てのことに強い神様など……。それぞれの専門分野に強い神様が答えてくださっていました。

また、神様の違いは、答えてくださる際の口調や声のトーンなどでわかりました。

例えば、「そんな時は、○○するといいわよ！」「そうじゃないでしょう？」などとやさしい口調での答え方だと女性の神様だとわかります。

一方で、「いいかげんにしろ！」「自分で考えなさい！」などと厳しく怒ってくださる神様もいます。そんな時の神様は低い声で男性的な声色なので、男性の神様なんだろうな、ということはわかっていました。

また、〝単語だけ〟で答えてくださる神様や、言葉の使い方や言い回し、語彙などが同じだったりすると、「あの同じ神様だな……」、ということもこちらではわかっていました。

ただし、その神様たちが誰である、ということまでは私は意識していなかったのです。

なぜなら、どんな神様たちも口調や言い方などは違えど、ある程度、同じ内容のことをおっしゃるからです。

神様からいただいた私へのご褒美とは

神様からの指示・指令のもと、長年、懸命に奔走してきた私です。

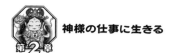

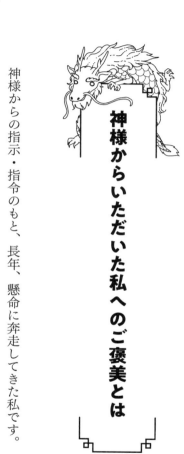

2021年以降は、神様から「もう、お前を自由にする！」と解放されたとはいえ、そこからは、逆に私の方から能動的に「やらなければ！」とやるべきことを自主的に行ってきました（それが逆に神様の狙いだったのかもしれませんが……）。

そんな神様からの仕事に人生を捧げている私に対して、「まゆみさん、神様のために働いているけれど、神様から、何かご褒美はないんですか？」と聞いてくれる人もいます。

確かに、私は神様から伝えられることをただ粛々とこなし、見返りなどは求めてこなかったし、神様もそんな私のことを買ってくださっていたわけです。

でも、実は、神様からいただいていたものがあるのです。

それは、〝健康〟です。

40歳になり、ちょうど神様からの声が明確に聞こえはじめた頃のこと。

神様から、「お前に健康を授けよう。これから、健康な身体で今後の人生をまっとうしてくれ」と言われたことがありました。

当時の私は、シングルマザーとして2人の子どもを必死で育てていた時期でした。

この頃は、お金を稼ぐために、子育てもほったらかしで仕事をしなければならないほど貧しい時代だったので、「今の私はこんなに健康やし。健康なんていらん！お金が欲しい～！」と答えたほどです。

まだ40になったばかりの私は、健康そのものだったので、本当の意味での〝健康のありがたみ〟もそこまでわかりませんでした。

だからこそ、目に見えない健康より、目に見えるお金の方が欲しかったのです。

でも、そこから長い年月が経ち、今にして思えば、健康でいることが何にも代えられない最高のご褒美であったことを実感しています。

実際に、私はその時以降、もう何年間もほとんど風邪ひとつひかず、体調を崩したこともありません。

また、休暇もほとんど取らず、毎日のように朝から晩までパワフルに各地を飛び回って活動できているのは、神様が与えてくださったこの健康のおかげだと言えるのです。

健康こそ、私の宝ものです。

第3章

皆に届け！ 神様からの声《メッセージ》

障害を持って生まれ、幼い命を閉じた魂の裏にあったストーリー

この章では、これまで約2万人のクライアントさんに向けて個人セッションを行ってきた私が立ち会ってきたユニークなケースや、そこから見えてくる見えない世界の仕組み、また、皆さんが疑問に思われていることなどにもお答えしていきます。

最初に、障害を持って生まれ、幼い命を閉じた魂のエピソードからご紹介していきます。

その一家には、障害を持つ小さなお子さんがいらっしゃったのですが、小学校へ上がる年齢にも満たない4歳前後で短い人生を終えたことで私のもとを訪れまし

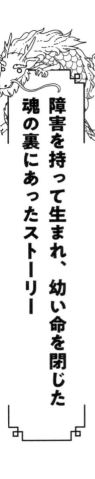

た。

可愛い我が子が、なぜ短い生涯を終えなければならなかったのか、ということを知りたいとのことで、その子のご両親とおばあさまの3人が私のもとへいらっしゃったのです。

早速私は、その亡くなったお子さんの魂とつながることにしました。

まず、これまでのセッションの経験から、人はこの世界に誕生する前にいる世界、いわゆる天界において、生まれてくる魂が自分の親を選ぶことはわかっていました。

つまり、その亡くなった子は生まれる前に自分の母親を選んでいたのですが、その背景には、ある知られざるエピソードがあったのです。

まず、その男の子（以下、Aちゃん）は本来なら障害を持って生まれてくるはずの子ではなかったということがわかりました。

けれども、生まれてから障害を持つことになっていた、ある別の子（以下、B

ちゃん）が自ら選んでいた母親が、障害を受け入れない人である、ということがわかったのです。

もし、Bちゃんが母親のお腹の中に宿ると、母親は出産後に自分が障害を持った子どもの子育てをする自信がないことから、いずれ、中絶をすることになるだろう、ということまでがわかったのです。

そのことを知ったBちゃんは心から悲しんでいました。

そこで、そんな様子を見ていたAちゃんがこう言ったのです。

「じゃあ、僕が代わってあげるよ。その障害を僕がもらうから。僕は〝障害があっても大丈夫！〟と言って僕のことを愛してくれる両親のもとで生まれるから」

と言って、Aちゃんは、Bちゃんの障害を代わりにもらうことにしたのです。

こうしてBちゃんは、無事に健常者として生まれ、もともと自ら選んでいた両親のもとで愛されながらすくすくと元気に成長しています。

一方で、Bちゃんが抱えるはずだった障害をもらったAちゃんの方も、障害などはまったく気にしない両親のもとで歓迎されて生まれ、幸せな日々を送りました。

けれども、身代わりになった障害のために、Aちゃんは短い命を閉じたのです。

そんな知られざるエピソードがリーディングでわかりました。

この話をAちゃんのご両親とおばあさまの3人に伝えると、彼らは皆、感動のあまり涙を流されていました。そして、Aちゃんという崇高な魂に出会えたことに感謝していました。

もちろん、この私もその子のやさしく気高い魂の在り方に感動して、胸がいっぱいになったのは言うまでもありません。

人間として生まれてくることは奇跡そのもの

以上のように、私は亡くなった人の魂ともつながることができます。

きっと、Ａちゃんのような魂レベルの高い魂は、またこの世界に生まれてくるときに、他の子に自分の持っているものを譲るかもしれませんね。

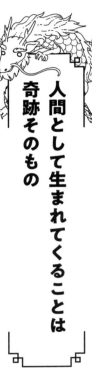

ただし、私たちはよく輪廻転生のことを語りますが、１つの魂は、そんなにしょっちゅう生まれ変わりを果たしているわけではありません。

私が神様から教えていただいたことをお伝えするなら、私たちは死後、誰もが魂レベルになった状態で修行をしますが、その後、再び人間として生まれてくる確率はものすごく低いとのことです。

その確率は、数字で表すなら、何千億分の１くらい、と言っても過言ではないそうです。

つまり、この世で亡くなった魂が、数年〜数十年後にまた人間としてこの世界のどこかに生まれてくる、というようなシンプルな話ではないのです。

ということは、**私たちが今、人間として生きている、ということは本当に奇跡そのもの**なのです。

年末ジャンボ宝くじの１等の当選確率が２０００万分の１、つまり、２０００万枚に１枚が高額当選するといわれていますが、１つの魂が人間として生まれてくるということは、宝くじに当たることなんかより、もっともっと天文学的な数字の確率なのです。

私たち人間は一人ひとりが唯一無二で、かけがえのない存在とよくいいますが、まさに、その通りなのです。

それなのに、そのありがたみを理解せず、ただ〝なんとなく〟ぼんやりと生きている人がどれだけ多いことでしょうか。

また、いざとなったら、人生をリセットして、次の人生でやり直せばいいや、などと軽く考えている人さえいます。

そんな人たちこそ、今、あなた自身が生きていることがすでに奇跡的なことであることを知っていただきたいのです。

もしかして、次の人生は人間ではないかもしれないのですから。

まずは、自分をこの世界に導いてくれたご先祖さまと両親に感謝をするのも当然ですが、もし、あなたが五体満足で生まれきて何だってできる、という立場にあるのなら、なおさら、そのことに感謝しなければならないのです。

自死した魂の2つのケース
——あの世では永遠の修行が待っている

そのような意味において、神様が一番怒るのが自死をすることです。

神様は、自死こそ自分のことしか考えない〝究極のエゴ行為〟と語ります。神様は、私たちは、残された人たちのことを考えたら、自死などできるはずはない、ともおっしゃるのです。

何しろ、宝くじ以上の奇跡で生まれてきた自分の命を自ら摘《つ》み取る行為をするのですから。

そのことを理解していただくために、自ら命を落とした人の魂とつながった時の2つのケースをご紹介しましょう。

その方は、ある1人の男性でした。

亡くなった魂は一様にそれぞれの形で修行を行うとお伝えしましたが、その人も真っ暗な空間に大きな岩があり、その岩の上に正座をしていました。

光は一切届かず、上から水がポトリ、ポトリと落ちてくる状況の中、岩の上にいる彼は1ミリも動くことはできません。

その岩の上で、永遠に内観を続けるのです。当然ですが、眠ることも、何か口にすることもできません。

彼は、自分なりにずっと内観を続けていますが、自分が改心したことは自分では意外とわからないのです。


ある日、彼が改心できたことがわかったら、神様が彼の肩をトントンと叩いて、「もう修行は終わりだよ！」と声を掛けてくれるのですが、その日まで延々と正座する日々は続くのです。

それは、もしかして何年も先、いや、何十年も先かもしれないし、永遠に続くかもしれないのです。

そんな想像を絶するような修行を行わなければならないのです。


その彼が次のように言っていました。

「今の八方ふさがりのこの状況ほどつらいことはないよ。生前、つらいことがあって、自ら命を落としてしまったけれど、つらくても生きていた頃の方がよっぽどましだった。なぜって、生きていれば、まだ周囲の人に相談したり、話を聞いてもらったりすることができたからね。そうすれば、何か解決策だって見つかったかもしれない。今の方がよっぽど苦しいよ。もう、ずっと内観をしていて、頭がおかしくなりそうだ。これをいつまで続ければいいのだろう……」

とのことでした。


神様いわく、この内観の目的は、彼の家族や大切な人など残された人たちのことをまったく考えていなかったことを反省するためのものだそうです。

自死することによって、どれだけたくさんの人を傷つけてしまったのか、それをここで自ら暗闇の中で苦しんで味わいながら、彼らの気持ちを理解するのです。

特に、自死した人の場合、その人と関わりのあった人の数が多いほど、長い修行が続くとのことです。

つまり、その死によって悲しんだ人の数が多いほど、本人はより長い間、修行することになるのです。

彼らのいる時空では、この3次元のような時間などは存在していない世界かもしれません。だからこそ、逆にその瞬間が永遠に続いているという途方もない時の中を過ごすことになるのです。

ただ愛で受け止める

もう1つのケースでは、やはり自ら命を落としたある人がトンネルの中を永遠に歩いている、というパターンの中にいました。

その人は、光がまったく射さない真っ暗闇の中、トンネルを抜ける向こう側に光が見えてくるまで永遠に歩き続けなければならないのだそうです。

その魂も、「生きている時に、もっと人に頼っていればよかった。周囲の皆に助けてもらえばよかった。こんなになることが先にわかっていれば、死ななかったのに……」と語っていました。

現在、日本は年間約2万人が自死をするという自殺率の高い国です。

私たちは、悩み苦しんでSOSを出している人たちに、もっと寄り添う必要があるのではないでしょうか。

もし、あなたのそばに死を考えているほど追い詰められている人がいるのなら、こちらからアドバイスをしようとするのではなく、その人の話をただ聞いてあげる、ただ話を受け止めてあげる、というだけのことを心がけてください。


そして、その際には、ただ愛で寄り添うのです。

「愛」という字は「受け入れる」の「受」という字と「心」という字が合体しています。つまり、「あなたの心で受け止めてあげるということが、愛そのものなのだ」、ということです。

あなたの周囲で、もし、悩み苦しんでいる人がいたら、「ただ、その人のことを受け入れる」という愛のマインドだけで、そっと寄り添ってあげてほしいと思います。

また、**神様からは、「愛」と「命」という文字を組み合わせて「愛《あ》命《い》」と読むん**

だよ、ということも教えていただきました。

多くの人がこれらのことを実践できれば、きっと自死する人はいなくなると思うのです。

もちろん、私も愛の精神でただ受け止めてあげる、という立場でいたいと思いますが、実際には私らしく、「あなたね、死んだらえぐいよ！　向こうの修行はホント、大変なんやから！」と檄《げき》を飛ばすと思います。

旅立つ前に娘の結婚式に参加できた！

他には、私はもの言えぬ人々ともつながることができます。

例えば、病床についていてもうしゃべることなどもできず、普通なら意思疎通ができない昏睡《こんすい》状態の人ともコミュニケーションがとれたりします。

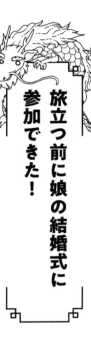

この場合、たとえ相手が昏睡状態であっても、その方の意識とつながり、その人が今、何を考えているのか、何を求めているのか、どうしてもらいたいのか、誰に何を伝えたいのか、などということを私の方で確認して、その方のご家族であるクライアントさんにお伝えできるわけです。

次にご紹介するのは、ある女性のクライアントさんのお父さまのエピソードです。

彼女は、近々ご自身の結婚式を挙げる予定になっていました。

そして、結婚式には、大好きな父親にどうしても参加してほしいと思っていました。

けれども、彼女の父親は病気で入院中であり、しかも、もう余命いくばくもない状態で昏睡状態にありました。彼女はそんな状況を承知の上、それでも、もし、奇跡が起きてくれたら、一生に一度の晴れ姿を父親に見てもらえるのでは、と思いたって相談に来られたのです。

こういうケースの場合、普通の状態なら、そんなことは、もはや不可能に近いのです。

なぜなら、すでに昏睡状態のその方は、ドクターからももう意識が回復することは難しく、余命もあと1週間から10日間くらい、と宣言されていたからです。

私は早速、彼女の父親とつながりました。

すると彼は、そのような状態にありながらも、何としてでも頑張って自分の娘の結婚式に出たい、という強い意志が伝わってきました。

すると、私にはその父親が娘さんの式に出席するために必要なことがわかりました。

そこで、それらを実践してもらうことにしたのです。

それは、もはやこの段階では、医療的な治療の問題などではなく、その本人が「もっと生きたい！」と思えるような状態に持っていく、というようなことを行うのです。

例えば、それは昏睡状態になっている人に向かって、家族や大切な人たちが声をかけてあげる、ということも1つの方法です。

昏睡状態の人だって、肉体の中でまだ魂は息づいているのです。そして、その人には、その人なりにそれぞれかけてもらいたい言葉やしてほしいことなどがあったりするものです。

例えば、話しかける内容なら、家族と一緒に過ごした楽しい思い出についてのことかもしれないし、家族で乗り越えた大きな問題のことかもしれません。または、その人が人生を懸けて働いた仕事についてのことかもしれません。

そんな本人が一番聞きたい言葉をかけられると、たとえ、命が尽きようとしていたとしても、突然、生きる意欲が湧いてきて、奇跡的に生命力が復活したりすることもあるのです。

このケースにおいて、ご家族は病院のベッドに横たわるお父さんに向かって、お父さんがかけてもらいたい言葉をかけ続けました。

すると、お父さんの意識は見事に回復したのです。それだけでなく、なんと本当に数日後に娘さんの結婚式にも出席できたのです。

当然、病院の先生は絶対にダメ！と言い張ったそうですが、お父さんの「娘の結婚式になんとしてでも出たい！」という強い執着が生命力をよみがえらせたのです。

その後、その父親は最後の力を振り絞って無事に娘さんの結婚式を終えたそうです。

そして、そこから約1週間、ご家族はお父さんと一緒のかけがえのない時間を過ごしたそうですが、その後、父親は、「もう、何も思い残すことはない」と、あの世に旅立っていったそうです。

言葉が話せるのは人間だけ

これまで、私は以上のようなケースに、たくさん立ち会ってきました。

例えば、クライアントさんのご家族が大病で危篤状態だったり、昏睡状態だったりして、先生からは「最期は、病院でこのまま逝《い》かれる形にしますか。それともご自宅で看取《みと》りをされますか」、というほどのレベルであったとしても、その方の命が再び吹き返し、生命力を取り戻した、というエピソードは私の経験の中で何度もあります。

けれども、それが叶《かな》わないこともあります。

それは、そのご本人が、もう生きることをあきらめているとき。もしくは、「もう、この世は十分」、と満足しているときです。

そのようなときは、そのまますっと旅立っていただくことになります。

これも、その人の意志であり、1つの選択なのです。

神様いわく、「この世界の生きとし生けるもののなかで唯一、人間だけが言葉をしゃべることができるのだ」とおっしゃいます。

神様だってしゃべれないから、私をお遣いになるのですから。

日本には、〝言霊《ことだま》〟という言葉もありますが、言葉の持つパワーで人を生かすこともできるし、また、その逆もしかり、なのです。

先述の娘さんの結婚式に参加された父親のようなケースは稀《まれ》かもしれませんが、それでも、病床について昏睡状態で意思疎通がもうできなくなった患者さんが、実は、心の中でこんなことを考えていらっしゃる、ということを依頼主の方にお伝えすると、皆さんは大変感動されたり、驚かれたりします。

同時に、そのご本人からも家族の皆に意志を伝えられたことがうれしいと言って、その後、亡くなる時は後悔や思い残すこともない美しい旅立ちになるものです。

そんなクライアントさんたちの美しいエピソードに私も出会わせていただいていることに感謝しています。

ペットの気持ちもお伝えします

「ペットとも話せますか？」

その質問にも、「イエス！」とお答えします！

ペットやその他の動物、また、人間でも小さな子どもや赤ちゃんたちとつながるとわかるのですが、存在そのものがピュアで無邪気な彼らの本音や反応は本当に面白いのです。

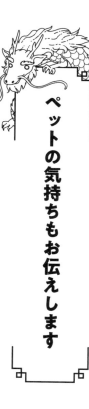

例えば、クライアントさんの中で、可愛がっていたペットが亡くなり、ペットの気持ちを知りたくて私のもとへ来られる方もしばしばいらっしゃいます。

飼い主だったクライアントさんは、大抵「もっと、あんなことも、こんなこともしてあげたかった！」とおっしゃるものです。

そして、ほとんどの飼い主の方が、「我が家で私と（私たちと）一緒に暮らして、幸せだった？」とペットに語りかけます。

すると、ほとんどのペットは「幸せだったよ！」と答えます。

中には、「〝幸せじゃなかった！〟なんて言ったら、どうするつもり？」なんてユーモアたっぷりに返してくるペットもいたりします。

もちろん、中にはペットの方も、常に幸せだったわけではありません。人間たちの都合で、ペットの気持ちなんかはお構いなしに、散歩に突然連れていかれたり、人間たちは美味しいものを食べているのに、自分は粗末なおやつだけだったりする。

その他、勝手に自分を太らせるだけ太らせておいて、その後で病院に連れていかれて、今度は勝手にダイエットさせられたりする、などペットの視点からのコメントをたくさん語ってくれるのです。

そんなとき、私たち人間が、言葉が話せないペットのことを自分本位で、また、自分のエゴだけで飼っているという課題も教えられるのです。

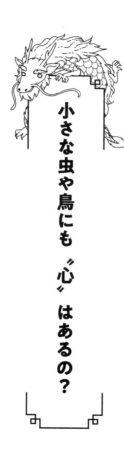

いくら飼い主側はペットと意思疎通ができている、と勝手に思い込んでいたとしても、それは人間だけの思い込みなのかもしれません。

小さな虫や鳥にも〝心〟はあるの？

では、私はペットの他に、どのレベルの生き物までつながることができるのでしょうか？

例えば、「蚊やアリ、ハエなど小さな虫・昆虫などにも心はあるの？」「人間慣れしている犬や猫ではなく、野生の動物などはどうなの?」などの質問を受けることもあります。

基本的に小さな虫などの生き物は、やはり、心や気持ち的なものは人間のように複雑ではなく単純、シンプルで魂レベルも低いと言えるでしょう。

でも、不思議なことに、例えば、あなたの部屋に入ってきた1匹のハエをあなたが「カワイイ!」と思えば、その時点からハエと意思疎通ができたりするものなのです。

だから、外から部屋に飛び込んできた1羽の小鳥をあなたが飼いはじめたとして、もし、あなたがその鳥に愛情をかけるようになると、鳥の魂レベルもシンプルなものから複雑なものへと次第に上がっていき、あなたに愛情を届けてくれるのです。

愛さえあれば野生の動物とも仲良くなれる

野生の動物だって同じです。

もともと動物は、小さな昆虫などより魂は複雑だと言えるでしょう。

そして、たとえ人間という生き物に初めて会ったような野生の動物だったとしても、人間の方が愛を持って意思疎通しようと努め、相思相愛の関係になれれば、動物の方の魂レベルも上がっていくのです。

よくSNSなどで、狂暴そうな大きなライオンと人間が抱き合い、じゃれあっているような動画などがありますが、これは、二者の間に愛がきちんと育まれているからです。

また、生まれたばかりの小さな赤ちゃんと巨大な犬がソファーで仲良くじゃれあっているような動画などもひやひやしながら見てしまいますが、これも同様です。

とりわけ、赤ちゃんの魂レベルは、人間の中でも一番高いと言えるでしょう。赤ちゃんは、すべてのものを受け入れるという魂の傾向があり、相手が人であろうが動物であろうが、怖いもの知らずに何でも全部受け入れるのです。まさに、愛のかたまりのような存在です。

もともと私たち大人も、赤ちゃんでした。でも、成長するにつれ自我が出てきて、不安や恐怖という感情を覚えてくるとそれも難しくなってきます。もし、人間側が「怖い！」と思えば、それは相手の動物に伝わり、相手も同じようにこちらに恐怖感を覚え、襲ってくるかもしれません。まさに、波動の関係であり、あなたの波動は相手に伝わり、相手もそれに引き合うように応える、という関係なのです。

この関係は、当然ですが、動物だけでなく、自然界の植物や鉱物などだって同じです。

私たちは、この地球上にあるすべての命あるものに愛を捧げることで、その対象物とつながることができるのです。

どんなときも、人間から愛を捧げること

そして、どのような場合においても、自然界の命あるものたちに愛を捧げるのは人間の方からです。

社会的な生き物としての経験と知能指数の高い人間の方から、歩み寄るべきなのです。

例えば、あなたが樹木だったら、人間のエゴで突然、自分の身体が伐採されたらどう思いますか？

きっと、怒るでしょう。

だからこそ、木を伐採するときにだって、きちんと神事を行い「ここの木を切らせていただきますね！」とお願いをする必要があるのです。

もし、自然界のもの言えぬ命あるものたちの怒りが溜《た》まり、爆発したらどうなるでしょうか？

口がきける人間こそ、常に小言や文句を言って小さな怒りや不満などのストレスを解消していますが、自然界の者たちは口がきけません。

だからこそ、彼らの怒りや悲しみは、いつか溜まりに溜まると、やがて大爆発してしまうのです。

それは、人間たちへの自分たちの主張であり警告でもあるのです。

「自然が悲しんだら洪水になる。自然が怒ったら地震になる。自然がため息をついたら台風になる」と神様はおっしゃいますが、これは、人間に「自分たち自然のことをもっとわかって！　もっと大切にして」ということなのです。

私たちは、近い将来、大きな地震が起きるのではと恐怖に駆られていますが、もし、地震が起きるならそれは、人間たちのせいでもある、ということも覚えておいてほしいと思います。

基本的に、自然界のすべての命ある者たちは、それでも「人間たちと仲良くしたいんだよ！」と言ってくれているのです。

だからこそ、私たち人間から自然に歩み寄り、もの言わぬ彼らの気持ちを感じてあげる＝自然を大切に扱う、という意識でいたいものです。

理想は動物や自然と共存する社会

このように考えてみると、動物たちにも、人間のようにきちんとそれぞれの思いがあることがわかります。

私が、殺傷処分の動物たちを守る活動をするのはこのためです。

これも、「この子たちを救ってあげなければ！」という同情の意識からというよりも、私たち人間は動物たちとも共存共栄していく必要があるからです。

人間の手で都合よく飼われ、その後、勝手に捨てられてしまい、保健所などで殺されようとしている動物たちは生きる希望を失っていたりしますが、実は、そんな彼らにもまだまだ役割があったりするものなのです。

そんな動物たちは癒やされる必要があるのかもしれませんが、そんな動物たちほど人間を癒やす力があったりするのです。

第5章でご紹介する現在進行中の「楽園天国」では、癒やしの力のある犬や猫たちも、人々を癒やすために、一緒にコミュニティの家族として暮らしていく予定です。

先ほどもお伝えしたように、殺傷処分となり殺される運命にあった犬や猫だって、こちらが愛情を与えてあげればあげるほど、元気を取り戻して、その子が持って生まれた本来の役割を果たしてくれるのです。

殺傷処分される犬や猫に対する運動をしている人はまだまだ少ないのが現状ですが、そんな動物たちの気持ちまで誰もが考えられるようになれば、自然と子どもの虐待や家庭での暴力なども減る社会になっていくのではないかと思います。

おばけや悪霊っているの？

「おばけや悪霊はいるの？」
その質問にも「イエス」とお答えします。
そして、その種類やレベルやパワーなども、弱いものから強烈なものまでさまざまです。

基本的に、ちょっとした簡単な憑依《ひょうい》などの場合は塩による浄化などで自分でも対応できることも多く、私自身もクライアントさんに憑《つ》いた軽いレベルの霊などは浄化させていただいています。
けれども、強烈なもの、ヘビーな憑依などは私では太刀打ちできないので、「心《しん》華寺《げじ》（京都府宇治市）」の岡田道顕《どうけん》和尚《おしょう》様にお祓《はら》いをお願いすることにしています。

では、自分に霊が憑いているかどうかを確かめたいときには、どうすればいいでしょうか。

それを見極めるには、まず、自分の普段の意思や考え方とはまったく違うことをなぜか行ってしまうようなとき、また、悪いことばかり続き、運気がどんどん落ちていくような気がするとき、身体が異常に重く感じるときなどです。

基本的に人に憑いてしまうような霊は、憑く人に直接恨みなどがあるというよりも、死後、後悔の念に囚われていて、生きている時にやり残したことがある霊です。

亡くなり方としても、人生をまっとうしたような亡くなり方ではなく、病死や突然の事故などによる死、自死などで不本意な亡くなり方をしたような霊です。

そして、そんな彼らは、やさしい人のことが好きです。それは、生きている私たちだって同じですよね。

憑かれる側の方も、やさしいだけでなく感受性の強い人、共感力のありすぎる人、他の人のことばかり気にする人、自分に自信がない人などが多く、似たような波動同士で引き合ってしまうのです。

霊の方からすれば、「この気持ち、あなたならわかってくれるよね？」という感じなのです。


霊に憑かれないようにするためには、やはり、自分を愛し、自分軸を持ち、自信を持った生き方ができる人になること。根拠のない自信でもいいので、堂々と生きることです。

そんな生き方ができれば、霊に憑かれないどころか、幸せな人生を送ることができるはずです。


また、本当のやさしさとは、依存される関係になることではありません。

例えば、私は人の話を聞いてあげるのは大の得意ですが、どこか冷たいところがあります。

場合によっては、「それは、あなたの問題だから、自分で考えたら？」みたいな感じで、相談をされる相手にも、きちんと自分で問題を解決できるように自立を促します。

とにかく、重たい霊は大抵、超ネガティブですが、憑かれる方もネガティブな人が多いのが事実です。

人間の波動は、目には見えないもの。

でも、霊には見えるのです。自分の話を聞いてほしい霊はさまよったあげく、ようやく「みーつけたっ！」と似たような波動の人に寄ってくるのです。

霊と友達にならないためにも、毎日笑顔を心がけ、いつも笑っていてください！

そうすれば、霊に憑かれることもないはずです。

神様からのメッセージで生き方を変えた人たち

これまで私が鑑定したクライアントさんたちの中から、神様からのメッセージがご自身の生き方を変えた人たち、また、神様からのメッセージがインスピレーションとなって、新たな人生の扉を開いた人たちからのレポートをほんの一部ですが、幾つかご紹介いたします。

① いつからでも夢は叶えられる！

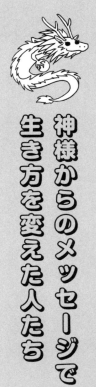

Column I

私は今、67歳になりましたが、どうしてもあきらめられない夢があります。それは自然が豊かな所で、これからの子どもたちのために小さな村づくりをすることです。

そこで、そのことをまゆみ先生に相談したのです。

私としてはてっきり、「ええかげん、その歳でそんな夢を見るのはやめて、地に足をつけてこれから楽しい生活だけをしていきなさい！」ってきっと言われると思ったのですが、まゆみ先生からは、「どうしてその夢を叶えたいの？」と聞かれました。

どうして、その夢を叶えたいのか、と言うと、かつて、私たちの世代が子どもの頃には、子どもたちは毎日、自然の中を走り回って遊んでいました。だから、自然の中で見つける木の実や植物など、食べてもいいもの、いけないものなど自然と理解していたものです。でも、今の子どもたちは、そんなことはできません。

また、昔は、両親だけでなく祖父母も一緒に暮らすか、すぐ近くにいるような環境だったので、親に怒られるとおばあちゃんの元へ逃げ込むなどして、子どもたちには、いつどんな状況になっても〝居場所〟があったのです。

でも、今の子どもたちにはそんな居場所もなく、今どきの子どもたちは、スマホを見つめてゲームをするばかりです。

そんなふうだから、逃げ場をなくした子どもたちは、問題に直面すると不登校にもなるだろうし、自殺をする子だって出てくるはずです。

そんな状況を私なりになんとかしたい、と思っていたのです。それは今、少しずつ皆が各地ではじめているコミュニティづくりです。

それも、自分たちの食べるものは自分たちで作り、皆で分かち合えるような小さな村づくりです。

そんな夢を話すと、まゆみ先生から「すばらしい！　あなたならできる！ぜひ、やってください！」と。

加えて、何からはじめるのか、どうすればできるのかなども具体的に教えていただき、今、できることから少しずつはじめています。

夢を信じることで、同じ思いの面白い人たちとの出会いもはじまっています。

（Aさん　60代　女性）

② 経理の仕事から人の心を救う仕事への転換

私は10年以上夫の経営する会社の経理をしていました。

けれども、昨年の春頃から、なぜか急に「こんなことをしている場合ではない！」という気持ちに駆られ、もっと人の心を救うような仕事がしたいと強く思うようになりました確かに、私は昔から見えない世界や精神世界のことにとても興味があり、自分自身も人の感情が伝わってくるなど、エンパス（共感力の強い人）の傾向があったり、直感は鋭かったりする方だとは自分でも思っていました

もちろん、まゆみ先生のような霊能力はないのですが、それでも、人の心を救い勇気づけられる仕事がしたい！と思い、今の自分に何ができるのかを知りたくて、ご相談させていただいたのです。

その結果、「まずは、生まれ持った霊能力はないため、そのための訓練や勉強をしてください」と言われました。

その上で、「昨年から来年までが人生で最大の幸運期なので、その道に進むには今が最高のチャンスです！」と言っていただいたのです。

ただ、夫は私が仕事を辞めることに協力してくれるかどうか不安だったので、そのことを聞いてみたら、「あなたのご主人は、責任感が強く、自分の道をちゃんと進んで行ける人だから、辞めたい理由をきちんと説明したら受け入

れてくれるわよ！」とアドバイスいただきました。

その後、今では「チャイルド心理カウンセラー」の資格も取り、心理学と共に精神世界のことを勉強しながら、人の心を救うお役目に就くために、日々、励んでいるところです。

勇気を出して、まゆみ先生の鑑定を受けられたことに本当に感謝していいます。

（Bさん　40代　女性）

③自閉症と知的障害を持った孫が我が家へやってきた理由

私には孫がいますが、孫は自閉症と知的障害を持って生まれてきました。息子夫婦のもとに、なぜ、この孫が生まれてきたか、ということを教えていただきたくて、まゆみ先生に鑑定をしていただいたのです。

なぜなら、孫が息子夫婦の元に生まれてきたことには、きっと何か大きな意味があるような気がしていたからです。


まず、まゆみ先生から言われた言葉は、「家の中に神様がいるようなものです」とのことでした。

「孫は天界とつながっている子です」ともおっしゃっていただきました。

また、孫は言葉をしゃべることができないために、何か私たちへ伝えたいメッセージがあれば聞きたいと思っていました。


そのことをお願いすると、まゆみ先生の口から孫からのメッセージがどんどんあふれ出してきたことには驚きました。次から次へと語られる孫からのメッセージを聞いている間、私たちはまるで異次元の世界にいるようでした。

鑑定に一緒に行った息子と共に、あまりの感動に感謝で涙が止まりませんでした。

まゆみ先生との出会いは、私たちが障害を抱えた子と一緒に今後の人生を力強く歩んで行くためにも、とても大きな勇気と指針になったのです。

今、改めてこの孫が私たちのもとへ来てくれたことに感謝しています。

そして、愛する孫が我が家へやってきてくれた全容を教えてくださったまゆみ先生と先生の神様、本当にどうもありがとうございました。心より感謝しています。

（Cさん　60代　女性）

④将来の方向性が定まった！

私は、今後の自分自身の生き方の方向性が定まらず、そのヒントが見つかればとまゆみ先生の鑑定を初めて受けさせていただきました。

先生からは、やはり、自分の人生には、子どものことを生活の中心に置きながら、自分なりに活動できることをするのがおすすめ、というアドバイスをいただき、これからの方向性がより明確になりました。

他にも、身の回りに起きているさまざまな問題の解決策も導いてくださり、本質を見抜く洞察力や明るくパワーあふれる先生の言葉に力をいただき、今後の人生を前向きに、かつ元気に歩んでいけそうです。

特に、いただくアドバイスが抽象的なものでなく、より具体的な方法だったことが有り難かったです。

私も将来的には、まゆみ先生のようにたくさんの人のお役に立てるような人間になれるように、まずは、教えていただいた自分自身を整えるための3つのポイントを日々、実践していきたいと思います。

（Dさん　40代　女性）

⑤ 家族との関係が改善できた

まゆみ先生には、家庭で問題を抱えていたことから、数か月前に初めて鑑定をしていただきました。

これまでの私は、家族との関係が上手くいかず、家族に厳しい態度をとられたり、時には暴言を吐かれたりすることもあったことから傷つき、生きていくことが嫌になることもありました。

けれども、鑑定を受けてみて、それぞれの家族の性格や気持ちなどがわかりました。家族は皆、本当は私に対して悪気などないということがわかったのです。

そして、まゆみ先生からは、家族に対する接し方なども教えていただいたのですが、私自身の性格なども言い当てられ、自分自身を見つめ直すきっかけになったことが今回の一番の収穫でした。

現在は、先生に言われたことを実践しながら生活をしているので、家族との関係もどんどんいい方向に改善してきています。

何より、自分自身が変われたことがうれしいです!

やはり、自分が変われたことで家族も変わってくれたんだな、ということがわかりました。

また、悩み事が出てきた際には、ぜひ、お世話になりたいと思います。

（Eさん　50代　女性）

⑥ 鑑定後の美しい夕焼けを一生忘れない！

私は、子どもの不登校や主人との関係に悩んでいました。

毎日悩み続けていたものの、ついに、自分ではどうしたらいいのかわからなくなり、まゆみ先生の鑑定に申し込んだのです。

そうしたら、まゆみ先生から主人との関係については、「彼は自由人で子どもみたいな人。だから、あなたも悩まないこと。自分がラクで楽しいと思うことをして生きていきなさい！」と言われたのです。

夫婦関係についても、「確かに、大変やな～。でも、こうしてみたら？」と具体的なアドバイスをいただけたことで、心が明るくなりました！

これまで、自分の性格と正反対のことばかりしていたこともわかり、だからこんなに苦しかったんだ、と納得しました。

子どものことについてもアドバイスをいただき、「大丈夫！」と言ってもらって安心しました。

まゆみ先生からは、たっぷりと時間をかけて鑑定していただいたことで、今までの悩みも吹き飛び、これから自分がどうしていくべきか、なども明確になりました。

鑑定が終わった後は、世界が明るくなったように見えました！

あのきれいな夕焼けの空は、一生忘れないと思います。

実際にお会いしたまゆみさんは素敵な人で、勇気を出して鑑定を申し込んで良かったです。

「楽園天国」が完成したら、私もいつか絶対に行きたいです！

私も、これからどんどんやりたいことをやっていきますね！

（Fさん　40代　女性）

第4章

あなたも神様とつながれる！

神様とつながるためのステップ

「どうしたら、私も神様とつながることができますか？」
「私も神様からのメッセージを受け取りたいです！」
などという質問や声をよくいただくようになりました。

そこで、ここでは神様とつながるための5つのステップをご紹介いたします。

神様とつながるためには、特別な修行や特殊な能力が必要なわけではありません。

それに、これからご紹介する方法は、いつ、どこにいてもできるし、〝無料〟でできるのもおすすめです。

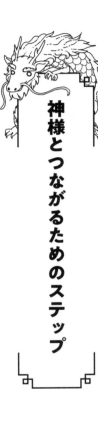

「神様とつながりたい！」という人は、今日、今すぐここからはじめることができる5つのステップに挑戦してみてください！

1 自分自身を知る

まずは、あなたが自分自身を知ることです。

あなたはどんな人ですか？ どんな性格でどんな魂の傾向がある人でしょうか？

最初に、**〝私のトリセツ（取り扱い説明書）〟**を作るところからはじめてみましょう。


例えば、あなたは何が好きで、何が嫌いなのか。あなたは、何をされたらうれしくて、何をされたら悲しいのか。また、どんなときに嫌な思いをしたりするのか。

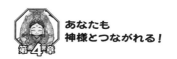

何に対してウキウキして、何に対してイライラするのか、etc.。

まずは、そんなことからリストアップしてみてください。意外にも、人は自分自身のことは、自分ではそこまで理解できていないものです。

最初に、あなた自身のことを見つめるところからスタートしましょう。

2 自分自身を大切にする
――自分が好きなこと、心地よいことだけをチョイスする

1で自分自身のことを見つめたら、〝私のトリセツ〟から日々の生活の中で、自分が好きなこと、心地よいことだけを選ぶようにしてみましょう。

私たちは家族のために、食べていくために、家賃を払うために、などというさまざまな理由のために、自分の意志に反したこと、自分では望んでいないことを我慢

しながら仕方なく行って生きていたりするものです。

でも、そんな自分らしくない生き方を続けていると、いつしか、あなたの本質である魂が悲鳴を上げてしまいます。

とはいえ、だからといって、「私は、この仕事は嫌いだから！」、といって突然、明日から仕事を辞める、などという大きな選択は難しいかもしれません。

そんなときは、まずは自分でできる小さい選択からはじめてみるのもいいでしょう。

「自分にご褒美」という言葉がありますが、1日の終わりに自分の好きなスイーツを食べる、自分の好きな音楽を聴く、休みの日には自分のお気に入りの場所に行く、など自分にとって小さな心地よいことを生活の中で増やしていってみてください。

〝自分自身にやさしくすること〟を少しずつ生活の中に増やしていくと、いつしか、あなたは自分が好きなこと、自分にとって心地よいこと、に囲まれているはずです。

3 身近な人・大切な人に②を取り組む
——大切な人が好きなもの、心地よいことは何？を実行する

自分自身が好きなこと、心地よいことで満たされてきたら、今度はあなたの家族や大切な人・身近な人が好きなもの、心地よいことをやってあげましょう。

人は、まずは自分自身が満たされていないと、他の人に心からやさしくできないものです。

でも、②を通して、すでにあなたは自分の好きなことや心地よいことに囲まれ、心に余裕も生まれて自分自身のことを愛せるようになっているはずです。

そうなれたあなただからこそ、「この人は何をされたら喜ぶのかしら？」「この人

は何を言われたら傷つくのかな？」などということを、その人の身になって考えることができるようになっているはずです。

2のレッスンで自分自身を好きなこと、心地よいことで満たしたように、今度はあなたの大切な人・身近な人に同じことを実行していきましょう。

4 他人にも2を実行する
——ここまでくれば、あなたは神様とつながれる！

3であなたの大切な人・身近な人にその人が好きなこと、その人が心地よいと思えることを実行できるようになったら、同じことを今度はそこまで親しくない人、見知らぬ人たちにもトライしていきましょう。

これは、あなたの心に相当余裕がないとできないかもしれません。でも、大切な

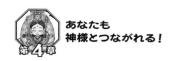

人・身近な人というのはまだ、あなたの生活圏内において利害関係やエゴと結びついているものです。

やはり、大切な人が幸せを感じるのは、あなたにとって必要なことだったり、結果的にあなたに利益をもたらしたりするものだからです。

けれども、そのような親しい人たちとの境界線を超えて、いわゆる他人と呼ばれるレベルの人たちに対して、「この人は何をされたら喜ぶのかな?」「この人を傷つけないようにするには?」などを無条件に考えられるようになれたら、その時、すでにあなたは自然に神様とつながれるようになっているはずです。

つまり、このレベルまで来ることができている人は、神様とコミュニケーションが取れる能力がすでに開花しているはずなのです。

ここまでの4つのステップが神様とつながるためのステップであり、この4つのステップを実践することで神様とのつながりを感じていただけるはずです。

けれども、「さらにもっと世の中のために生きたい」「この世界で自分の役割を果たしたい！」という人のために、最後のステップをお伝えしておきましょう。

5 人々のために祈る
――「忘己利他」の精神、感謝の心で生きる

4まで達成できた人は、すでに神様とつながれています。

けれども、ここまで来ることができた人は、さらに、もう一段階上のステップである「毎日、人々のために祈る」という生き方をはじめてみてはいかがでしょうか。

比叡山《ひえいざん》の天台宗の開祖である最澄の教えに**「忘己利他《もうこりた》」**という言葉がありますが、これは**「己を忘れて他を利するは慈悲の極みなり」、つまり、「自分のことではなく他の人の利を考えることで、皆が幸せになれる」という意味**です。

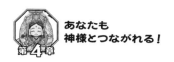

このレベルに到達した人は、もう自分の欲を満たそうなどとは思っていないはずです。

けれども、それは最初に自分自身がきちんと満たされていることを実感できてこそ辿《たど》り着ける最終地点、「忘己利他」というステージでもあるのです。

だからこそ、そのためにも、まずは、自分を知り、自分を大切にして自分を満たす、というところからはじめる必要があったのです。

そして、ここまで来ることができた人は、同時に「祈る人」になれているはずです。

ここで意味する「祈り」とは、「〇〇が叶いますように！」とか「〇〇が欲しいです！」というような夢や願望を手に入れるための〝祈り〟ではありません。

ここでいう祈りは、「感謝」という意味です。

つまり、今日という日を当たり前に生きていられることに感謝すること。私たち人間が自然と共存共栄できていることに感謝すること。地球に生きる生きとし生けるもののすべてに感謝すること。

それが祈りの本質であり、そんなすべてにおいて感謝のマインドが湧き上がってくる思いで生きていくのが5つ目のステップなのです。

人、神、自然と共に感謝の思いをつなげ、美しい光の国を創り出すのです。

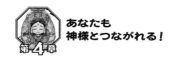

利他の心とは

利他の心を持つのは、難しいもの。
我利を捨て、人様のために自ら進んで行動する。
我利を捨て、人様のために役立つ。
我利を捨て、人様の喜ぶことをする。
我利を捨て、人様を笑顔にする。

心を開いて、自ら進んで他人に施すのが最上の施し。
ときどき施すのも、最上の施しではない。
常に施すのが最上の施しである。

また、施した後で悔いたり、誇りがましく思ったりするのは、最上の施しではない。

施して喜び、施した自分と施しを受けた人と施したものとこの3つをともに忘れるのが最上の施しである。

忘れることが、最上の施し。


見返りを期待するなら、やらなければいい。

正しい施しとは、その報いを願わず、清らかな慈悲の心で他人も自分も共に悟りに入るように願うものでなければならない。


〈『仏教聖典』より〉

あなたもシャーマンになれる！

もし、世界中のすべての人たちが、このような祈りの精神で生きられているのなら、この世界には戦争や争いなどは起きていないはずです。

祈りの精神で生きるということは、すべての人たちが以心伝心の状態、つまり、もうテレパシーを通じて生きているような感じと言えばいいでしょうか。

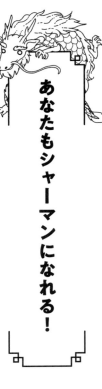

要するに、お互いがお互いの望みやニーズを知り、それらを提供し合えるような生き方ができていることであり、それによって協調性のある平和な世界が実現しているはずなのです。

そんな世界の実現のためにも、まずは、以上の5つのステップ、実際には基本になる１～４をマスターしてみてください。
この４つのステップをクリアできれば、きっとあなたもシャーマンになれるはずです。

神様と〝どこまでつながりたいか〟を決める

よくいただく相談の中に、「私は何をやったらいいのかわからない」「自分の好きなことがわからない」という人がいます。

そんな人こそ、神様とつながってほしいと思っています。いえ、神様と友達になってほしいのです。

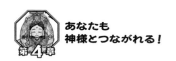

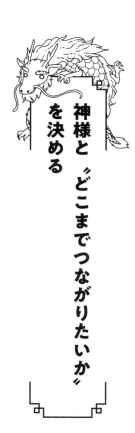

神様と友達になると、幸せな人生を送ることができるのですから。

そして、そのためには、滝に打たれる必要もなく、毎日、座禅を組むようなストイックな生き方が必要とされるわけでもありません。

必要なのは、あなたが自分自身に興味をきちんと持つこと。自分に興味のない人は神様とつながれません。

また、**自己肯定感の低い人も、神様とはつながりにくい**です。

だからこそ、最初にあなたが自分のことを愛せるように、自分なりに「私のトリセツ」を作ってみてほしいのです。

最後に、神様とつながるというレベルには、いろいろなものがあります。

正直に申し上げると、私のような神様とのつながり方は、あまり皆さんにはおすすめできません。

なぜなら、人生を懸け、命を懸けた修行がそこには待っているからです。

もちろん、ここでいう修行とは、神様から試される人生に訪れる困難や苦難のイベントを乗り越えていく、ということであり、瞑想《めいそう》などを行うという意味での修行ではありません。

人生の楽しみやプライベートを捨て、神様の声のままに従うという私がやってきたような生き方は、普通の人には耐えられないと思うのです。

私は今、〝日本を救う〟、というミッションのもとで生きています。

〝世界を救う〟というレベルの人もいらっしゃると思いますが、私はまだそこまでは無理なので、今は日本だけをお守りさせていただく役割を担っています。

きっと〝世界を救う〟という人などは、見えないところで、ものすごい修行をされているのだと思います。

だからこそ、神様とつながりたい、という人はその覚悟を持つことも大切です。

つまり、自分はどこまで神様とつながりたいのか、ということです。

私は、生きるためのヒントが欲しい、自分の人生を導いてほしい、というために皆さんが神様とつながることは大賛成です。

ぜひ、ご紹介したステップを実践して、あなたもあなただけの神様とつながってほしいと思います。

Column II

シャーマンまゆみの、突然ですがちょっと占ってもいいですか？

「トランプさんって暴れん坊でコワそう！」

「亡くなった安倍さんって、今の日本の状況をどう思っているのかな？」

ここでは、世界を、そして日本を常にお騒がせしている誰もが知っている有名政治家たちの本音や彼らの本質などをこっそりと覗《のぞ》いてみました。

政治には詳しくない私なので、占う人物の名前だけ挙げていただき、事前情報などはあえて入手せずに本人たちにアクセスした結果をお届けします。

中には、メディアが普段伝えている人物像とは違う印象を受ける人がいるかもしれませんね。故・安倍元首相に関してだけは、彼が今、何を思い伝えたいのか、ということを聞いてみました。

ドナルド・トランプ（第45＆47代アメリカ大統領）

小さい頃のトランプさんは泣き虫の男の子で、兄弟たちの中でも一番の甘えん坊でお母さんっ子だったはず。

そんなトランプさんだったからか、今でも家族という存在が彼にとってはとても大きく、「何があっても家族が一番」という家族大好き人間。

いろいろな形の〝愛〟というものが存在する中、彼にとっては〝家族愛〟がすべてなのです。

そして一見、暴君ふうに見えるトランプさんだけれど、実はやさしい性格です。

自信満々に見えて気も弱いので、見栄を張ってあえて自信たっぷりに見せているところもあり。

本当は、どこか今でも自分には自信がなかったりする人なのです。

人間関係も人当たりがよく、温厚な人。

お母さんっ子で泣き虫の男の子だった本質は、実際に今でも変わっていないのですね。

現在、78歳にして再び大統領の座に就いた彼ですが、80歳が人生の分岐点になるはず。

2年後のトランプさんに何が起きるのか、要注目です。

ジョー・バイデン（第46代アメリカ大統領）

過去4年間にわたってアメリカの大統領だったバイデンさん。

大統領時代のバイデンさんは、日本人にはあまり印象は強くなかったかもしれませんが、彼のことを一言で言い表すなら、〝いい人〟。

やさしく温厚で、争いを嫌う平和主義者的な部分もあり。

大統領として平和主義者であることは重要ですが、一方でリーダーシップや強さ、カリスマ性などはそこまでなく、本来なら、大統領になるにはちょっと不向きだった人なのです。

アメリカという強さをアピールする国の大統領になるには、ちょっとやさしすぎたかもしれません。

これから、彼がどのような余生を送るのか、というのも気になるところです。

ちなみに、いろいろと噂《うわさ》のある件について、バイデンさんは今も（2024年11月現在）きちんと生きていますす（時々、クローンは使っているようですが……）。

石破茂（首相）

石破さんは、〝自分大好き人間〟。

自分のことが大好きだからこそ、自分を守るためについついウソをついてしまったり、言うことがいちいちコロコロと変わったりするのです。

一国の首相としては、責任感がない人、と言われても仕方がないかもしれません。

そんな彼の性格は、子どものように無邪気でピュア、素直な部分が大きく、寂しがり屋さんな部分もあり。

彼が世間から叩かれるのは、彼の根底にあるそんな本質が理由となっています。

首相として国民から尊敬される人になるためには、そのあたりをご自身で認識されるといいのかもしれません。

小泉進次郎（政治家）

本来なら、〝政治家〟とはほど遠い性質を持った人。

もともと性格的にも自由奔放で、型にハマったことを嫌う自由人であり楽天家。

そんな彼は、責任感も薄くあまり政治家向きとは言えないかもしれません。

基本的に、家系的に世襲を継ぐため〝職業として〟政治家になっただけで、本当はもっと彼の本質を生かせるキャリアがあったはずです。

例えば、彼はアイデアマンとしては非常に優秀で飛びぬけているので、企画やクリエイティブなアイディアを生かせる職業ならぴったりだったはず。

今からでも、そんな自分の特性を知った上で政治活動をされるのがおすすめです。

故・安倍晋三（元首相）

今後の日本の行方が心配です。

これから、日本という国の在り方が大きくずれていくようです。

日本としては、アメリカとの間で友好関係を築き、その関係を維持しようとすることはすばらしいことですが、それだけではダメなのです。

日本の国としてのスタンスや考え方をきちんと伝え、その上で日米関係を築いていく、ということをやらない限り、将来的に日本はアメリカ側にとって都合のいいようにされていくでしょう。

果たして、このままでいいのでしょうか？

日本の新しい夜明けが来る日を私は見守っています。

そのためにも、世界に向けて日本という国の在り方を考え、それを海外に向けてしっかりと伝え、行動にうつせるような本当の意味における〝真のリーダー〟の登場を切に望んでいます。

高市早苗（政治家）

負けず嫌いで、男まさりな女性政治家の高市早苗さん。

非常に頭が切れる人で、男性たちが顔負けするほど仕事のできる、いわゆる超がつくほどのキャリアウーマンです。

ところが、それが逆に、彼女の〝弱さ〟にもなってしまうようです。

本来なら、彼女ほどの実力があれば、将来的に日本初の女性首相になってもおかしくないほどの潜在能力は十分あり、もし、そうなれば、いろいろな意味でバランスのとれる日本になっていくはずです。

けれども、そんなことが面白くない男性たちがひしめいているのが政治という魑《ち》魅《み》魍魎《もうりょう》の世界なのです。

そんな男性政治家たちからの嫉妬や圧力で、彼女は今後もこれまでのように大臣にはなれても、首相まではなれないと思われます。

実力があり、もったいないほど仕事のできる優れた人、それが高市さんです。

第5章

神様が伝える未来

―日本は困難を乗り越えた後、「光の国」になる

「今年こそ、お金持ちになりたい！」という人へ

２０２５年の幕開けとともに、「今年こそは！」と神社に初詣で願掛けをされた人も多いことでしょう。

「もっとお金持ちになるには、どうすればいいですか？」
「豊かになって、幸せになりたい！　その方法は？」
「成功して有名になりたい！」

それでは、神様はこのような皆さんの願いについて、どのようにアドバイスされるでしょうか？

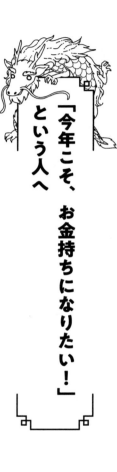

「お前たち。まだ、そんなことを言っているのか！　もう、ええかげんにしろ！」

そうです。神様は、もう、あきれているのです。

神様が私たち人間と私たちが住むこの地球について、最も願っているのは平和、そして、愛と調和のある世界です。

それなのに、「人間は自分だけがお金持ちになりたい、成功したい！とばかり言っている。そんな願いは、叶うはずがない。まず、自分を満たしたいのだったら、他の人の願いを満たしてあげなさい。自分が欲しい、欲しいと言う前に相手が何を欲しがっているのか、何を必要としているのか、そこから見つめてみなさい！」、とおっしゃいます。

これこそ、まさに第4章で「神様とつながる方法」でお伝えした内容と同じことです。

「自分だけの欲を追求しても、叶わないものは叶わない。いくら開運セミナーに参加しても、開運しないものは開運しない」、とさえおっしゃいます。神様は、もはや、「そのような次元にいる人たちは、もう放っておきなさい！」、とさえ語ります。

実際に、神様は今のスピリチュアルの世界のありさまをひどく憂いていらっしゃいます。

「目の前にいる本当に助けなくてはならない人のことは見て見ぬふりをして、皆、自分のことばかり一生懸命になっている。一体、お前たちは、何をしているんだ！」、ということなのです。

私も神様の声が聞こえはじめてから最初の15年間は、神様から「今は自分が目立つのではないぞ。まずは、目の前にいる助けが必要な人たちだけを助けなさい！」と言われて、それだけを実践してきました。

スピリチュアルのリーダーたちも問題あり⁉

でも、そのお達しは、2021年に解消されたのです。

つまり、私は神様からの厳しい規律や指示からようやく解放されたのです。

それは、神様がそろそろ私を自由にしてあげよう、というお気持ちからではなく、「もう、人間たちはダメだ。人間たちは本当に浅はかだ。これだけ言ってきたのに、わかってもらえなかった。だからもう、お前もやりたいことをやっていい！」という、あきらめの思いからだったのです。

また、神様は「幸せを引き寄せる方法」みたいなことを、相も変わらず延々と行っているスピリチュアルのリーダーたちのことも嘆いています。

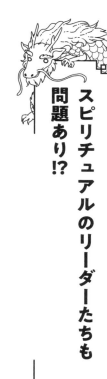

結局、多くの人々が私利私欲だけを追求してしまうのは、彼らを導くスピリチュアル・リーダーたちが自らの自己顕示欲や名誉欲、スピリチュアルをビジネスとしてしか見ていない観点から人々を集客しているからです。

私も、目にあまるスピリチュアルの関係者たちがいれば忠告をすることはあるのですが、あまりにはっきりと私がモノ申すことで彼らから煙たがられてしまうこともあります。

それでも、私は「もう、そういうお役目なのだから仕方がない」、と嫌われても一言申すことにしています。つまり、私はそれほど本気なのです。

私は、自分の力は未来ある子どもたちのために使うものとして与えられたのであり、私利私欲のために使うと、神様から怒られることを知っているからです。

2025年の日本において注意したい時期

さて、ここまで本書を読んできてくださった方は、そろそろ知りたいのではないでしょうか?

そう、日本の未来のことです。

それでは、ここからは私が神様に教えていただいている未来について、お話ししていきたいと思います。


まず、巷《ちまた》で噂をされているのは、2025年の7月に日本に未曽有の自然災害が起きて日本が壊滅的な状態になるという件です。

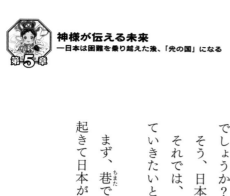

これについて、スピリチュアルの世界の住人たちがさまざまな説や予言などを説いています。

私は、2025年の7月には大きな自然災害は起きないのではないか、と思っています。

またそれは、しばしばニュースにもなる南海トラフの地震のことでもないようです。

実は、神様はもう何年も前から同じことを言われています。

気をつけるべき時期は、1、3、5、7、9、11月のぞろ目の日（1月1日、1月11日、3月3日、5月5日、7月7日、9月9日、11月1日、11月11日）の前後です。

けれども、2025年6月までに人々が次のことに目覚めて行動すれば、災害は起きないと神様はおっしゃっています。

それは、まず、私たちが集合意識を変えること。そして、不安や恐怖ではなく愛と調和と感謝を増やすこと。さらには、**人の役に立つ、人の喜ぶことをする、人の笑顔を増やす、という3つを行う**のです。

今、実際に多くの日本人が気づき目覚めはじめてきており、目覚めた人たちの祈りの力が強いので、自然災害が起きる〝年〟は延びているのですが、一番気をつけるべき時期は２０２４年の11月～２０２５年の2月くらいとのことでした。

つまり、本書が出る頃には、その気をつけるべき時期はもう過ぎ去っているのかもしれません。それでも、まだまだ決して気を抜かず、気を付けるべき時期は続くと考えていた方がいいでしょう。

さらには、その〝気をつけるべきこと〟とは、自然災害だけを意味するのではありません。

私が考える〝気をつけるべきこと〟とは、自然災害というよりは、２０２４年の10月から65歳以上の高齢者への接種からスタートした「レプリコン・ワクチン（自己増殖型のｍＲＮＡワクチン）」のことではないかと思っています。

世界に先駆けて日本ではじまった、いや、日本だけが承認したこの新たなワクチンは、医療関係の専門家たちもSNSなどでその危険性について警鐘を鳴らしており、多くの人々がこの新しいワクチンに懸念を抱いていることから、このことを指しているのかもしれません。

また、私としては、人々がこのワクチンのことに気を取られ、注目している間に、他の危険なアジェンダが裏で進行している可能性もあると考えています。

どちらにしても、気をつけるべきことは自然災害だけでなく、政権、食糧難などさまざまな形でやってくるのだ、ということを意識しておいてください。

神様からのメッセージ

天災は神の声

自然界からの逆襲は、人間のエゴが原因。
だから、生きとし生けるものすべてに感謝。
人間だけが自然を守らない。
天は、地は、人の我に悲しんでいる。
自然の猛威は逆襲と化す。
人為的だとされるのは表の理由。
天災は神の声。
人間よ、まだ気づかぬなら覚悟せよ。

食料危機は必ずやってくる

その中でも、近い将来、神様が確実に来るだろうといわれているのは食料危機です。

特に、食料の多くを輸入に頼っている日本の場合、戦争や紛争、異常気象などの世界情勢の変化によって輸入が滞ると、食料が入ってこなくなります。

こうして食料危機が訪れると、それに伴って人々の暴動や略奪、争いなども起きてくるようです。

このようなことを申し上げると、あなたは、「日本人は民度が高いから、そんなことは起きないはず。食料を求めて暴動や略奪が起きるなんて、それは海外の話じゃない?」となどと思うかもしれません。

でも、本当に食べ物が枯渇してしまうと、民度の高いはずの日本人だって、命がけで食べ物を奪い合うかもしれないのです。

そして、そうなったとき、神様は**「日本が日本の形でなくなる」**と言います。

それは、**自然災害が引き起こす日本列島の地形の変化というよりも、「日本人ならではの精神が失われてしまい、日本人が本来の日本人でなくなってしまう」**、ということなのです。これこそが、日本崩壊であり、日本沈没なのです。

また、食料危機は物価の上昇も導くはずです。

ご存じのように、2024年の夏は日本で米不足になり、お米がスーパーの棚から姿を消しただけでなく、価格も昨年の2倍以上になったりもしました。

現在、米不足は少し落ち着きつつありますが、このようなモノ不足による急激な価格の高騰を含め、ここ数年の円安などですべての物価が上昇している今、より貧富の差も広がりつつあります。

また、いくらお金を持っている人でも、必要なモノが国内に入ってこないため、買うことができないという時代がいずれ来るかもしれません。

そう、お札がただの紙切れになる、という時代も到来するかもしれないのです。

どちらにしても、〝食べる〟という人間の本能の1つを満たすために、餓死したくない人々は争い、そんな力や気力のない人、自己肯定感の低い人たちは絶望し、息絶えていくのです。

そんな未来をあなたは望みますか？

そうではないはずです。

でも神様は、「今のままなら、このような未来は確実に起きるだろう」、とおっしゃいます。

だからこそ、私たち日本人は、まずはできるところからはじめなければなりません。

少なくとも、自分たちで食料の自給自足ができるような仕組みを最低限、作っておかないといけないのです。

それが、私が現在、京都に準備中の自給自足を目指したコミュニティ、「楽園天国」でもあるのです。

また今から、各家庭では、その時に備えて、プランターでの野菜作りやご自身のできる範囲で食料の備蓄をしておくことも大切です。

神様からのメッセージ

日本人がすべきこと

よいか、日本を選んだのだ。
だが、日本に住む日本人が日本をわかっていない。
日本の魂は、世界のどの国よりもすばらしいのだ。
神の心は我々の心。大和魂にあり。
神＝御霊＝自分の魂のことでもある。
神は争いを嫌う。
和となるには話す「話《わ》」。
つながる「輪《わ》」と、皆で一緒に羽ばたく「羽《わ》」。
一丸となる「丸《わ》」。そして、笑いの「笑《わ》」。
これらを大切にしなさい。

2025年6月までに目覚めて！

「日本を選んだ」

と神様はおっしゃいます。

神様は、日本という国とそこに住む日本人である私たちのことを選んでくださったのです。

なぜなら、協調性と思いやりにあふれた日本人の精神が世界に広がれば、それだけで世界は簡単に平和になれるのだから、ということだそうです。

それなのに、**「その日本人が私利私欲のために生きている」、と神様はお怒りで、日本を一度洗濯する**と言われました。

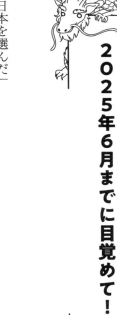

だからこそ、そんな日本人を目覚めさせるために、また、日本人に気づいてもらうために、レッスンとして〝何か〟が起きるかもしれないのです。それが、いわゆる〝2025年の7月〟ということなのだと思います。

それは、日本人が己の生き方を反省し、再び互いに協調し、団結する力を取り戻すための神からの〝愛の鞭《むち》〟かもしれないのです。

神様は、破壊的な未来が訪れない日本になるためには、2025年6月までに、14万4000人の日本人が目覚めなければならない、とおっしゃいます。

これに関して、2024年の1月から7月までの間で、すでに7万6000人が目覚めていることがわかっているので、2025年6月までの数か月で、あと6万8000人が目覚める必要があるのです。

そして私は、これは実現できると思っています。きっとこの本の読者の皆さんも、その1人になってくださるはずです。

そして、ここをクリアできたら、きっと巷で噂されている2025年の7月の災害などは起きないはずなのです。

私は、このハードルを乗り越えられると信じています。

そのためにも、「自分だけが幸せになりたい！」「自分だけ成功したい！」と自分だけの利益や幸せだけを目指している人たちは、この時点で意識の転換が必要です。

神様は、今はまだ見える世界のことだけを信じる人が9割であり、1割の人だけが見えない世界のことを理解しているので、この割合を8対2にしなければならない、とも語ります。

この2割の目覚めた人たちが、未来の日本を創造していくのです（もちろん私は、もっとたくさんの人に目覚めてほしいと願っています）。

それこそが、2031年以降に訪れる「光の国」です。

神様は、日本がこれからの危機的な数年間を潜り抜けられたら、2031年以降には日本は光の国になる、とおっしゃっています。

あなたも光の国の住人になりたくありませんか？

神様からのメッセージ

祈る

2024年から2030年まではしんどいぞ!
その間、皆ができることは、何なのか?
それは、「祈り」だ!
2031年以降は、日本は光の国になる。

燃えてしまった「えがおの家」

実は、本格的に楽園天国のプロデュースをはじめる前に私が立ち上げたのが、NPO法人「えがおの家」でした。

えがおの家は、貧困や虐待などの環境にある子どもたちとその親を救いたい！という願いのもと、すべての親子が笑顔で暮らせるようにと、私が理事長となって任意団体としての活動をはじめたものです。

これまでの鑑定の経験から、社会的弱者になりがちな子どもだけでなく、子どもを育てる親の方が実は不安や苦しみを抱えていることがわかり、子どもと親の両方を助けてサポートしたい、という思いがあったのです。

２０２０年からスタートしたこの活動は、２０２２年には地元の京都のある空き家を改装して、子どもたちが無料で食事ができる「子ども食堂」などの飲食スペースを含め、親子が安心して過ごせる理想的な居場所として完成し大人気を博していました。

ところが、なんと、２０２４年の春に発生した隣家の火災により、えがおの家は燃えてしまい、解体されることになりました。

周囲の皆さんの協力も得て、「さあ、これから！」というときにえがおの家が燃えてしまったことは、私にとってあまりにもショックすぎる出来事でした。

これまで何年間も苦労に苦労を重ね、ようやく具現化できたものが突然、消滅してしまったのですから。

ただしこれも、受け取り方によっては、「はやく、皆のために楽園天国の方に集中しなさい。時間がないんだぞ！」という〝神様のしわざ〟だったのかもしれません。

神様はこんなふうに、一見、めちゃくちゃなことだってやってしまうのです。私の気持ちなんてまったく無視です。

ところが、私がようやく気持ちを切り替えられた途端に、これまで約1年間ずっと探していた楽園天国を建設する候補地の山があっさり見つかったのです。

そして、なんとその場所の名前が京都市北区の「真弓八幡町」という地名だったのです。

まさに私の名前そのままであり、また、〝八百万《やおよろず》の神〟、〝8柱の神様〟を合体させた名前であることに驚きました。

現在、えがおの家は、龍安寺参道商店街内にあるコミュニティスペースの「とんぼの家」に場所を借りて活動を継続中です。

えがおの家が燃えてしまったことは本当に悲しいことですが、どんなつらいことにも、必ず意味があると信じています。

今、私は楽園天国の活動の方に全力で邁進《まいしん》しています。

神様からの指令、「楽園天国」の創造

「京都に楽園天国を創りなさい！」

これは、数年前から神様からの指示からはじまったものです。

でも、神様は私に一言でオーダーはしても、その方法までは細かく丁寧に教えてはくださりません。

私は、神様の言うところの「楽園天国」とは、共通の志を持った仲間たちと、将来の日本の危機に備えて自給自足ができるコミュニティであることはわかっていたので、私なりにアンテナを張ってどうすれば楽園天国が実現できるかをリサーチしはじめました。

また、私は日本の未来を生きる子どもたちが、イキイキ生きていけるような場所を創りたいと思っていました。

今の子どもたちは疲れた大人たちを見て育ちますが、どうして、そんな子どもたちが自分の将来に大きな夢を描けるでしょうか。

それよりも、子どもたちがイキイキと生きている大人たちを見て、「こんな大人だっているんだよ。こんな世界があるんだよ！」ということを伝えられれば、どれだけ子どもの未来の可能性が広がるでしょうか。

休みの日に都会のゲームセンターやショッピングセンターに遊びにいくのではなく、自然に触れられる環境もあれば、本当に大切な何かを子どもたちも伝えることができます。

楽園天国はそんな思いが実現できる場所にもしたいと考えました。

基本的に、楽園天国とは子どもから大人まで、また、動物たちをも含めた皆が一緒に住める村であり、かつ、自然農による自給自足、持続可能な社会を実現したコミュニティを目指しています。

また、このコミュニティではお金も要りません。例えば、ある人は野菜が欲しいなら、楽園天国のために自分の得意とする専門技術と交換して野菜をいただくなど、お金を必要としなくても幸せになれる社会づくりも目指しています。

ただし、そのあまりの壮大なプロジェクトにどこから手をつけていいかわからなかったので、まず、自分が実現できる規模と範囲で「寺子屋」のようなものを創ろうと思ったのが、前項でお話しした「えがおの家」でもあったのです。

コアメンバーの銀ちゃんとサトシさん

でも、「本当の楽園天国を創ろう！」と決心した途端に、楽園天国の実現に欠かせないメンバーたちが集まりはじめたのです。

その1人目は、銀ちゃんこと、山納《さんのう》銀之輔さんです。

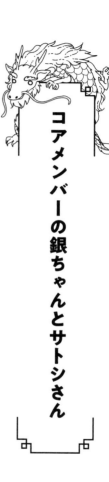

彼は、自然素材と持続可能な循環型建築によりエコビレッジを造る「エコビレッジビルダー」としても知られている人で、古民家再生プロデュースや村づくり、自給自足の専門家としても知られた人であり、彼自身も石垣島に「絵本の村」というエコビレッジを建設中です。

銀ちゃんとは2022年に初めて会った時から意気投合し、お互いの目的や理想が驚くほど一致していることに感動したのです。

さらに彼は、日本を飛び出してそれを世界規模でやってきたこともすばらしく、この人だったら一緒に楽園天国を創っていける、と確信したのです。

ちなみに、彼からは私のことを「俺の女版！」などと言われているほどです。

もう1人は、サトシさんこと、山本サトシさんです。

サトシさんは、かつては企業戦士として活躍した人ですが、現在は鞍馬山でサナトクマラからのメッセージに導かれて新しい国づくりに関わる活動をされている方です。

銀ちゃんからは、楽園天国を建設していくために、彼のこれまで培ってきたノウハウをすべて提供していただきながら、実働的な部分をサポートしていただきます。

サトシさんの方は、楽園天国のための土地探しから土地購入の際には地主さんとの交渉や資金的な問題、行政からの助成金のことなど、最初にインフラを作っていくための事前の準備をお手伝いいただいています。

そして、この私を含めた3人のキーパーソンを軸に、楽園天国づくりのための主要メンバーたちが現在、少しずつ加わりはじめています。

あなたができることで参加する

2024年の8月に銀ちゃんとのコラボによる講演会とワークショップに来ていただいた方のほとんどが、将来、何らかの形で楽園天国に関わりたいと手を挙げていただきました。

人が100人いれば、100通りの特技や才能が集まるので、楽園天国づくりには、それぞれの能力を生かしていけるはずです。

もちろん、中には「自分には、とりたてて何の特技も才能もない！」と思う人がいるかもしれませんが、例えば、「誰かの話の聞き役になってあげる」、ということだって立派な特技と才能になるはずです。

何も〝職人〟のような人ばかりが必要とされているわけではありません。

人の話を聞いてあげる、という〝聞き上手〟の人だって、十分に人から感謝されるのです。

そして、話を聞いてあげた人は、話を聞いてもらった人から「ありがとう！」と感謝をされることで、その人の内側に眠っていた可能性がもっと引き出されていくのです。

そうすれば、その人は〝聞き上手〟だけでなく、自分でも気づかなかったもっとたくさんの才能に気づいていくことでしょう。

こんなふうに、すべての人が自分のできることを行いながら、皆で手をつないで1つになれば、決して不可能なことはないはずです。

楽園天国にいる人たちが「誰かのために自分にできること」を行いながら、喜びにあふれ笑顔が巡り、どんどん増えていくことで、皆の可能性も無限大に広がっていくのです。

でも同時に、私たちが求めているのは、楽園天国に〝本気〟になっていただける人たちです。

それはやはり、時間もない中でこの一大プロジェクトを失敗するわけにはいかないからです。

だからもし、あなたが楽園天国に参加されたいと思われるなら、まずは、「自分には何ができるだろう」というところから、はじめてください。

そのために、第4章でご紹介した「私のトリセツ」を活用していただき、自分のことをじっくりと知っていただくのがいいかもしれません。そして、重要なのは、そこから実際にアクションを起こしていく、ということです。

現在、2025年の6月までに、コアメンバーたちのそれぞれの役割分担を決め、土地の開拓を進めながら、建設に携わっていただく人たちが食事をしたり休憩したりする母屋を、まずは完成させます。

京都の「楽園天国」は、最終的には500人くらいが収容できる施設にする予定ですが、その後、将来的には沖縄や北海道など日本の各地にも同様のコミュニティを建設していく計画です。

楽園天国の創造は、まだはじまったばかり。

これから、楽園天国が出来上がっていくまでのプロセスや、進捗状況などは、皆さんに随時お知らせしていく予定です。

Column III

楽園天国コアメンバー3人による特別対談

楽園天国は、もうはじまっている！

楽園天国のコアメンバーである銀ちゃんこと山納銀之輔さん、サトシさんこと山本サトシさんと私の3人で、改めて楽園天国について現在の状況や、それぞれの楽園天国に対する理想や思いなどについて、ざっくばらんに語り合ってみました。

山納 銀之輔

エコビレッジビルダー／天然素材コンシェルジュ／古民家再生プロデューサー／村づくりコンサルタント／空間デザイナー／自給自足アドバイザー／グランドアーティスト／土壁トレーナーマスター／ストローベイルハウスビルダー／マッドブ

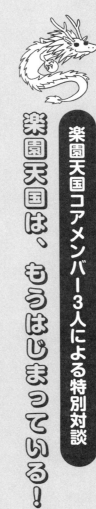

リックハウスビルダー／里山料理研究家／狩猟採取料理研究家。青年実業家から突然の転落、多額の借金を抱え、離婚・自殺未遂からの幽体離脱、1年半にわたる森の中での暮らし等から、人間本来の生き方に気づかされる。現在は世界各地で「自然と共存すること」に軸を捉えた「循環型エコビレッジ」づくりを行う。また、日本各地でもワークショップや講演会を開催し、「自然界に寄り添う生き方」を伝えるなど、人間本来の豊かな生き方や未来への可能性を広げるプロジェクトを多岐にわたり企画始動中。著書に『天を味方につける生き方』（ヒカルランド）、『ハッピーサバイバル～地球で遊びながら、新しい世界へ～』（ヴォイス）。

山本 サトシ

SHINSEIOH株式会社 代表取締役、（財）りせら財団評議員、（財）UNIH&H大学院理事、リトリート村プロデューサー、企業コンサルタント。学生時代に大病をした経験から、自然環境の中での癒やしや助け合いのコミュニティの大切さに気づく。企業コンサルタントとして環境や健康事業に携わり、法人営業を含めて今までに関わった企業は1万5千社を超える。京都の鞍馬とのご縁による数々の出会い、見えない世界の体験を通して、新時代の創造をミッションとした生き方に目覚める。現在、鞍馬を拠点にして楽園天国の他に全国での村づくり、環境や健康事業のコンサルタント、リトリートツアー、見えない世界を科学的に学ぶ講座を開催している。著書に『サナトクマラとの約束』（ヴォイス）。

3人トリオのバランスが絶妙!?

まゆみ　最初に現在の進捗状況からお話ししておきましょうか。本書でもお伝えしていますが、今はもともとあった築350年の大きな古いお屋敷を改装して、12月末までに母屋を完成させるという目標で動いているところです。とはいえ、助っ人としてお手伝いいただいている人たちは、私も含めて〝ど素人〟ばかりなので、「本当に達成できるかな？」という感じ（笑）。そこで、銀ちゃんにも助っ人を紹介してもらったり、私の知り合いの工務店さんや大工さんにもアドバイスをいただいたりして作業しています。とにかく、まずは、お手伝いしていただく方には車で来ていただくような奥地なので、車を停めるためのガレージづくりからはじめています。なんせ、道もないような場所なので、道づくりからはじめているという状況で、皆で土を掘って掘って、ようやく道ができたところ。何しろ、力仕事そのものなので、1日中やっていると腰が痛くなるけれど、達成感はありますよね！

サトシ　そうですね。女性の皆さんが、力仕事を頑張っています。実は、お屋敷を片付ける作業に関しては、僕はほこりや化学物質にアレルギーがあるので、あまりお役に立てていないという……。でも、皆から責められることもなく、楽しく過ごしています。

まゆみ　そう、サトシさんが現場にいるだけで笑いが起きるという。皆が一生懸命な中、「サトシさんは、何やっているの？」みたいな感じで笑いが絶えない。もちろん、サトシさんは、助成金のことなど陰で動いてくださっているんですけれどね。現場では、サトシさんがいるだけで笑いが起きるので、皆が癒やされています（笑）。

サトシ　楽園天国は、その道のプロではなく、素人たちが楽しみながら何かを創り上げていく、という姿がこれからのコミュニティづくりのモデルになっていくと思います。実は、僕も神様から「コアメンバーに加わるように」、と言われたと聞いた時に、「なんで僕なんだろう？」って思ったんです。でも、一日中ずっと皆で笑っていると、なんとなくその意味もわかってきました。

銀之輔　サトシさんは、基本的に頑張ってないのよ。頑張る気もない（笑）。でも、誰もがサトシさんに会うと、会った人が勝手に何かに気づくんだよね。サトシさんは「こうするべき！」とか一切言わないんだけれど、自分でそれを発見するの。だからサトシさんとは直接、会わないと意味がない。本や動画じゃなくてね。会ってお茶でも飲めばいい。楽園天国においても、もしかして、一番の重要人物かもしれないね。これからの日本にも必要な人だと思います。説明のしようがないんだけれど、サトシさんは「サトシさんに会った人は勝手にスイッチが入る」というスイッチを持っているんだよね。サトシさんの代わりはいないい、そんな人です。

サトシ　すごく深い分析をしてくださり、うれしいです！　ありがとうございます。

まゆみ　私も本当にその通りやと思う！　サトシさんがいると場が変わるのがわかるから。

銀之輔　一方で、まゆみさんは鋭い直感で未来を見据えていて、自信を持って突き進んでいける行動力のある人。だから、俺もそのパワーの影響力を受けて何十倍も加速できるんです。

まゆみ　うれしいことを言っていただき、ありがとうございます。

サトシ　3人ともユニークな個性で、それがちょうど3人揃ったときに絶妙なバランスになるんですね。

京都という場所から世界に発信できること

まゆみ　作業はこれからが大変なのですが、銀ちゃんも、よく「頑張ることはしない！」と言いますね。楽園天国は、楽しいことしかしない場所なんです。本当に、お腹が痛くなるほど笑うことって日常でもそんなにないと思う。こんな感じで間に合うのかなと思うけど、きっと間に合うんです（笑）。

サトシ　素人ばかりでの作業でも、1日であのお屋敷がきちんと見事に片付いたわけだから不思議。きっと、会議などをして予定を立ててやっていたら、計画倒れで1日では終わらなかったはず。

まゆみ　そう、本当に奇跡的！　ただ、大爆笑していただけなのに。ところで、銀ちゃんにお聞きしたいのですが、これまで数多くのエコビレッジを手掛けてきた銀ちゃんにとって、楽園天国という場所はどんなところになってほしい、というこだわりポイントみたいなものはありますか？

銀之輔　そうですね。やはり、京都という場所がキーポイントになるかと思う。京都という街は日本人独自の文化をずっと築き上げてきた場所で、歴史的にも自然と共存して循環型の豊かな暮らしを営んできた場所。だから、そんな日本の伝統文化を全面に出した特色のあるエコビレッジになるといいよね。そうすると、海外からもお手伝いに来られる人がたくさんいるんじゃないかな。石垣島の「絵本の村」にも海外からたくさんの人がお手伝いにやってきますから。最終的には、移住する人もいるくらい。だから、楽園天国は、古民家のリモデルにしても、衣食住に関しても、日本の特色を思い切り前に出したいね。例えば、食に関しては、日本独自の発酵技術を用いた食事を用意するとか。京都だったら京野菜などユニークな食材も揃うからね。そんな京都ならではの衣食住を皆で手づくりして、こんなに素敵なものができるんだよ、というのを世界に発信していきたいですね。

まゆみ 最高のアドバイスをありがとうございます。ぜひ、そんなことも皆で研究しながら実現していきたいと思います。

サトシ ちょうど古民家にも囲炉裏とか掘りごたつとか残されているから、それらもきちんと新しい形にして提供していきたいですね。

人間が自然回帰できる場所が決まった！

まゆみ　ところで、そもそも、最初にサトシさんがエコビレッジに興味を持たれたのはどのようなきっかけだったの？

サトシ　僕は、30年ほど前に一度、病気で寝たきりになったことがあったのですが、その際に自然環境の中に身を置いてリトリートを受けて回復したんです。きっと、自然欠乏症だったんだと思います。でも、それは現代人なら皆、そうですよね。そんな経験から、自然の中でリトリートができる施設を日本に作れないかと思い、そこから、鞍馬山に導かれて活動をしてきました。そんなとき、まゆみさんが楽園天国を創るという話を聞いて、「一緒にやろう！」ということになった。当初は、京都の鞍馬に近い場所を探しながらも、なかなか決まらなかった頃、まゆみさんにサナトクマラさんから「山を与える！」というメッセージが降りた途端に、山を所有するむっちゃんという知人から「私が持っている山を使ってください！」と連絡が入ったんです。そしたら、そのむっちゃんこそが、僕やまゆみさん、銀ちゃんとそれぞれ別々につながっていた人だったというのが後でわかって、驚きました。そして結果的に、その場所は地図で見たら鞍馬から近い場所だったんですよね。

まゆみ　そう、すべてが仕組まれたようにつながっている。

サトシ　自然の中で、皆で得意なことをやりながら、助け合っていく〝和合の村〟を創る一歩がもうはじまっているわけですね。

まゆみ　はい。本でも紹介しているけれど、人の役に立つ、人の喜ぶことをする、人を笑顔にする、という3つが、ここではすでに実現されています。

コミュニティ同士で人の移動や物々交換もやっていきたい

銀之輔　現状で、何か大変なことってある？

まゆみ　そうやね。もともとその場所に住んでいた人たちと上手くコミュニケーションを取っていくのは大事ですね。あとは、やはり神様がおっしゃる時間までにきちんと完成するか、という時間的な問題。母屋の完成も工務店の人に「プロがやっても厳しいよ」とのことで、工務店さんにも入ってお手伝いいただくようにしたのと、まだ車を停める場所がないから、一度にたくさんのお手伝いの方に来ていただけないことなど。だから今は、10人弱くらいの人員でやっています。

サトシ　きっと「12月までに完成させなければならない」という意味も、後になってわかるんでしょうね。

まゆみ　そう。確かに、京都の山には1～2月は雪も降るし、動きづらいかもしれないからね。無事に母屋が完成したら、春からはワークショップとかお祭りなどもやる予定です。

銀之輔　寒いのは苦手なので、俺は春になったら行きますね（笑）！

まゆみ　銀ちゃんは寒いのが嫌いやからね（笑）。ちなみに、ワークショップをやりたいというのは、神様からは「皆の精神性を高めよ！」と言われていることから、母屋を学びの場にもできればと思っています。楽園天国に精神性が高い人たちが集まれば、きっと人間関係のトラブルなども起きないでしょうしね。

サトシ　楽園天国は何かが起きたときの〝避難所〟ではなくて、そこが楽しいから皆で一緒にいたい、という場所ですからね。

まゆみ　そうですね。今後、楽園天国に集まる約５００人（おおよその収容人数）が目覚めて、皆がその背中を他の人々に見せてくれることで、新たな他の場所のコミュニティも同じようなものになっていくはずです。エコビレッジ的なコミュニティはたくさんあるけれど、〝自分磨き〟ができる場所にしたいですね。

サトシ　そう。あと、コミュニティ同士の人事交流などもいいですね。一定期間、こっちで暮らしていた人が別の場所に移動して、そこで必要とされる専門技術などを提供する、ということもやっていきたい。

銀之輔　各ビレッジで物々交換も可能だからね。例えば、京都なら京野菜が採れるけれど、石垣島では京野菜は採れない。でも、さとうきびなら採れるし、北海道ならじゃがいもが採れる。こんなふうに、旬の作物を全国のビレッジで交換するシステムも作ればいいね。楽園天国では、石垣島のさとうきびと京都の米粉で「八つ橋」を作るのもいいね。

まゆみ　ナイスアイディア！　各地とのコラボで新しい名産ができるということやね。

銀之輔　あと15年後くらいには、現在の貨幣制度のようなお金はなくなると思う。その時に、「自分なら何が食べたいだろう？」というものを作っておけばいいんです。きっと、各地とのコラボ次第で、あらゆるものが作れると思う。

楽園天国に来る子どもが将来の日本を背負う

サトシ　銀ちゃんが「もし、この世界にお金がなくなるとしたら、自分にとって最も幸せになれるものを全部盛り込んでいきたい」と言うけれど、僕なら温泉、まゆみさんは屋台みたいな皆で集まって飲める場所が欲しいと言ってますよね。そんな物質的なものもあるかもしれないけれど、一番は、いつも皆の笑顔が見ていられる世界。それがまさにこの世が天国であるという証《あかし》だし、それが楽園天国なんですよね。

まゆみ　未来ある子どもたちに、「こんな面白い大人がいるんだ！　こんな大人になりたい！」と思ってもらえるような世界が創れたらいいね。

Column III

銀之輔　俺とまゆみさんは、子どもたちの未来のことを本気で考えているからね。今、日本では、年間500人を超える子どもたちが自ら命を絶っていて、不登校者数は毎年増え続けて、35万人くらいになっている。じゃあ、そんな子どもたちが学校に行かないなら、その間、何をするかということ。引きこもるのではなく、皆が認め合う場所を作ることが大事。それが関西なら楽園天国という場所になるといいね。親としては、子どもが楽園天国に行っているのなら、安心だね、というような場所にしたい。

まゆみ　そう。もともと「えがおの家」のコンセプトがそうだったから、それは必ず実現します。

銀之輔　楽園天国に来てくれるような子たちは、本当の豊かな生き方や在り方を日本人に気づかせてくれるんじゃないかな。皆が一生安心して暮らせるお手本が楽園天国、ということです。

サトシ　日本の１００年後を見据えているということですね。お手伝いに来てくださる人のお子さんたちも「ここに住みたい！」と喜んでくれていますよね。

銀之輔　日本の未来は、確実に皆が笑っているんです。だからこそ、そのプロセスが大事。そのためにも、子どもたちと女性のパワーが重要です。女性が自分たちのチカラを信じて動いていくべきだね。だから、まゆみさんに女性たちを引っ張っていってほしい。世界のお手本を日本から、村づくりを通して見せていきたいね。

サトシ　楽園天国を創造する作業こそが生きていくための力をつける勉強、ということになりますね。

まゆみ　「生きる力をつける」っていいね。考えてみれば、完成前からもう楽園天国はすでにはじまっていて、すでに奇跡ももうたくさん起きはじめている、ということだしね。

楽園天国は、いつでも戻ってこれる場所に

まゆみ　ところで今、楽園天国ができるまでのプロセスをドキュメンタリー映画にしたい、という人が現れてお願いすることにしたんだけれど、面白いのが、その人も映画制作のプロというより、初めての挑戦、ということなんです。

サトシ　そういうのもまたいいね。

まゆみ　全員素人っていうのがね。

サトシ　でも、自然の中で作業をしていると、一見、大変そうに見えるけれど、空気もエネルギーも違うから皆さん、全然疲れないって言いますね。

まゆみ　私もそう。疲れないどころか元気になる！　それに笑いもあるし、癒やされる。

サトシ　これから作業も本番ですが、お手伝いに行きたくてしょうがない、という感じになってくるでしょうね。それにしても、まゆみさんと何か一緒にやったら面白いんだろうな、と思っていたけれど、本当に予想以上です。

まゆみ　それは私も同じ。とにかく、銀ちゃん、サトシさんと一緒にいて言えることは、私たち3人の関係もいつも笑っている、ということ。男と女、みたいなことを超えて、信頼し合っている関係。気を遣わないけれど、気を遣うところは遣う、という心地よい関係ですね。

サトシ　もはや、家族みたいな関係ですね。

まゆみ　最後に、銀ちゃんから楽園天国に参加したい人たちに向けて一言、お願いいいたします。

銀之輔　楽園天国に参加するということは、あなたも、日本が変わるきっかけをつくる1人になるということです。楽園天国での活動を通して、あなたの人生はどんどん上り調子になっていくでしょう。〝参加する〟と言っても、手伝いに来て、まゆみさんのエネルギーに触れるだけでもいいと思う。あなたが一歩踏み出せば人生は大きく変わるし、あなたの周囲の人も変わっていく、ということを、ぜひ、覚えておいてください。そのためにも、俺たちは、楽園天国を、あなたがいつでも戻ってこれるような場所にしていきたいと思います。

まゆみ　素敵なメッセージをありがとう！　楽園天国をそんな場所にしていきたいですね。サトシさんも、ありがとうございました！　お２人とも、今後ともどうぞよろしくお願いいたします。

サトシ＆銀之輔　ありがとうございます。こちらこそよろしくお願いします！

２０２４年から新しい出会いが加速

２０２４年になってから、新たな出会いが加速しはじめました。

特に、思ってもみなかった医師の先生方とのご縁がどんどん広がりはじめたのです。

そんな先生たちとは、西洋医学と東洋医学の両方からのアプローチを大切にされている「統合医療クリニック」の高橋徳先生、医療の世界にも目に見えない世界を科学することの大切さと日本人の霊性の重要性を説く「育生会横浜病院院長」の長堀優先生、そして、２０２４年の秋からはじまったレプリコン・ワクチンの危険性を世界に向けて発信されている大阪市立大学医学部名誉教授の井上正康先生など。

先生方との講演会やＹｏｕＴｕｂｅでのコラボなどで、私の活動にも新しい局面が加わってきたのです。

先生方は、一様に次のようにおっしゃいます。

これまで自分たちは目に見える世界のみを扱ってきたけれど、目に見えない世界というものはきっとある、ということは信じていた。

けれども、そんなことは医師としての立場上、言うことはできなかった。本来なら、人間には化学的な薬などは必要ないはず。

でも今、時代は変わりつつある。これまで自分たちが研究してきたこと＝目に見える世界と目に見えない世界のことは、実はきちんとリンクしているのであり、これが真実なのだ、と。

もし、そうなら目に見えない世界のことをよく知り、その世界で活動している人とタッグを組んで活動した方がさらなる真実に辿りつけるのではないか。きっと面白い発見があるはず、と。

こんなふうに、医師の先生方との出会いが広がってきたことにも、きっと意味があるはずです。

また、他にもこれまでご縁がなかった各界の方々ともお会いする機会も増え、有り難いことに、どんどん新たな人脈も広がってきています。

これも、たぶん神様が私に日本を光の国に導くために、急がせているからだと思います。

青木まゆみとシャーマンまゆみの統合

こうして、神様からの指令のもとに動いてきた私ですが、これまでお伝えしてきたように、えがおの家、そして楽園天国を創っていくことなどを他の人にお話しする機会があると、なんだか私のことを〝聖人〟のように思われる人もいます。

でも、本来なら本名である青木まゆみは、もともとはそんな人間ではなかったのです。

どちらかというと、私はタワーマンションとかゴージャスな所に住んで、車に乗るならベンツで、男性だったらお金持ちの社長さんみたいな人が大好き、みたいなキャラクターだったのです。

かつて、お寺のお坊さんにも霊能力を認められ、比叡山に入山して修行することを勧められたこともあります。その際、私は修行するにあたって、茶髪に深紅の口紅、大振りのピアスという派手な格好までは一応許していただきましたが、最終的には修行することからも逃げ出しました。

また、修行のために、「お酒とたばこはやめなさい！」と言われても「それは無理です！」と断りました。

でも、シャーマンまゆみは、いつも人のために生きる人間なのです。

青木まゆみとシャーマンまゆみのせめぎ合いに関して、私の中では葛藤があったこともあります。

自分のことは二の次、三の次だったシャーマンまゆみの生き方はつらく、青木まゆみになりたかった時もあったのです。

でも、青木まゆみの部分がつい出てしまうと、神様にぐっーと引っ張られてシャーマンまゆみに戻されてしまうのです。いくら上手く隠れていても、神様が天上から「そこにいるな！　見つけた！」と私をつまみあげてシャーマンまゆみの方に戻してしまうのです。

そこで、最初の頃は「もう、どこに逃げても見つかるのなら、仕方がない！」と腹を決めてシャーマンまゆみをやっていたくらいなのです。

でも、シャーマンまゆみをやっているからこそ、人から裏切られることもあったり、悲しい思いをしたりすることも多かったのです。

それでも、ここ数年、私の中ではようやく青木まゆみとシャーマンまゆみが1つに統合されたような気がしています。

子どもの頃から明るくて元気、正義感が強い元ヤンキー魂の青木まゆみ。人のために生き、楽園天国の創造に全精力を注ぎ、日本を光の国にするべく人々の目ざめを促す活動をするシャーマンまゆみが無理なく自然に1つになったような気がします。

日本が光の国になるまで、まだあと数年。
その前の困難な数年間を皆で乗り切っていきましょう。
そのための私の活動も、これからが本番です。

おわりに

最後まで本書を読んでいただき、ありがとうございます！

今の私のすべてを詰め込んだ本、『「光の国」日本になる！　届け！神様からの愛と怒りの緊急メッセージ』は、いかがでしたでしょうか？

私は、「はじめに」において、この本を読むことであなたが、「この世界で自分は唯一無二の存在である」ということに気づいてほしいこと。そして、とにかく、「元気になってほしい！」ということをお伝えしました。

きっと、私の願いは届いたのではないかと思います。

さて、最後に読者の皆さんにお伝えするべきメッセージを神様に聞いてみたところ、次のようなメッセージをいただきました。

「放下着《ほうげじゃく》」

放下着とは、物事への執着を手放し、自由な心を得るということ。

執着からは何も生まれない。

誰もが皆、「自由になりたい！」と言うが、自分を本当に解放するには、経験からの学びが必要なのに、そのことをすぐに忘れる。

歴史は、繰り返される。

何かが起きた時にそこから学んだとしても、その時だけ熱くなり、時が過ぎればその時のことを忘れてしまうのが人間。

次々と居場所を探す人間は、常に心地いい場所に定住する。それが、悪いわけではないが……。

その場所に自ら役目を見つけ、人様の役に立つことを喜びとせよ。

損得勘定なしに利他精神を貫けば、やがて忘己利他となる。

そして、人様の笑みを見、我がことのように喜ぶさまは、無我無私となり、自灯明《じとうみょう》となる。


皆、自らの内なる光に従い生きるべし。

信ずるは、おのれなり。

自分の道を歩むことの重要性に気づくべし。


神様が伝えたいことは、私たちが本当に自由になれるのは、物事への執着を捨てたときとおっしゃいます。

一見、物質的な豊かさを得れば得るほど自由になれそうなものですが、実は、そうではないのです。

また私たちは、何か非常事態が起きた際には、その時だけ皆で必死に助け合ったり、協力し合あったりするのですが、そんな非常時が過ぎれば、また、いつもの自分本位の自分に戻ってしまう、ということを戒めてくださっています。

常に、損得を考えずに他の人のことを考えられる〝忘己利他〟の生き方を目指したいものですね。

本書でも、忘己利他という言葉は何度か出てきましたが、この言葉は、実は、京都にある「心華寺」の先代和尚である斯波最誠さんから教えていただいたものです。

他にも、斯波和尚から教えていただいた言葉の中で、私が大切にしている言葉を2つ皆さんにご紹介しておきたいと思います。

それは、**「一隅を照らす」**と**「ポストにベスト」**という言葉です。

まず、「一隅を照らす」とは、もともと天台宗の開祖、最澄の言葉で、「一人ひとりが自分のいる場所で、自らが光となり周りを照らしていくことこそ、私たちの本来の役目であり、それが積み重なることで世の中がつくられる」という意味です。

光の届きにくい片隅を照らすことは、まさに福祉の精神そのものです。

そして、「ポストにベスト」とは、「今、置かれている役目（ポジション）において、不平不満を言わず与えられた役目をベストに尽くしていく」ということです。

ぜひ、これらの言葉とその意味も心に留めておいていただければ幸いです。

そして、本書でもすでにご紹介済みですが、最後にもう一度お伝えしておきたいのが、神様がいつもおっしゃっている令和の時代の**「5つのわ」**です。

それは、①皆で話し合う、**「話し合いの話《わ》」**、②皆でつながる**「つながりの輪《わ》」**、③皆がチーム一丸となる**「一丸の丸《わ》」**、④全員ではばたいていく**「はばたく羽《わ》」**、⑤そんな皆を包む**「笑いの笑《わ》」**です。

おわりに

この5つのわを非常事態の時だけでなく、常日頃から身に付けることで、神様が私たちに求める生き方である、「人の役に立つ」「人を笑顔にする」「人を喜ばせる」ことができる人間になれるのです。

ぜひ、あなたも日々の生活の中でこれらを実践してみてください。

それでも、これから人生を送る中で、悩みや問題に直面することもあるはずです。

そんな時こそ、どうか1人で悩まないで！

悩んだときこそ、この本を開いてほしいのです。きっと、あなたの悩みを解決できる言葉がどこかに見つかるはずです。

また、そんな時こそ、あなたの家族や身近な大切な人、周囲の仲間たちにきちんと助けを求めてほしいと思います。

私もそんな仲間たちが集うための楽園天国づくりに今は情熱を注いでいます。

いつか、あなたとも楽園天国でお会いできるかもしれませんね。
その日まで、それぞれの生き方の中で、神様からのメッセージを実践していきましょう！

シャーマンまゆみ

おわりに

■■■■■　シャーマンまゆみ　■■■■■

京都でシャーマンとして人々を苦しみから解放し、真の姿に導くお手伝いをしている。鑑定歴17年、これまで鑑定したクライアントは約2万人。10代の頃から頭の中で声が聞こえてきて、友人の悩み事やその解決方法までがわかる体験を重ねながら、自分には見えない世界の能力があることに気づく。現在は､「見える」「聞こえる」力を生かし､神様からのメッセージをより多くの人に広め、皆が幸せになれる社会を目指して活動中。講演会、セミナー、本来の自分を取り戻す「神理学（しんりがく）」教室の他、京都市右京区で子育て支援を行うNPO法人「えがおの家」代表理事を務める。また、物質社会から解放され人々がいきいきと過ごせる場所、「楽園天国」を京都に完成させるために邁進中。

○ 公式 LINE　　https://lin.ee/dJUowij

○ 公式サイト　　https://shaman-mayumi.com/

○ YouTube「シャーマンまゆみのきこえる声 」

https://youtube.com/@shaman_mayumi

○ 公式ブログ

https://www.ameba.jp/profile/general/shinrikantei-mayumi/

シャーマンまゆみの最新の活動は、
公式 LINE で発信中♪
「お友達」になっていただくと、
プレゼントが届きます☆

「光の国」日本になる！

届け！神様からの愛と怒りの緊急メッセージ

2025年3月20日　第1版第1刷発行

著　者　　シャーマンまゆみ

編　集　　西元 啓子
イラスト　ひぐらしカンナ
校　正　　野崎 清春
デザイン　小山 悠太

発行者　　大森 浩司
発行所　　株式会社 ヴォイス　出版事業部
〒106-0031
東京都港区西麻布3-24-17 広瀬ビル
☎ 03-5474-5777（代表）
📠 03-5411-1939
www.voice-inc.co.jp

印刷・製本　株式会社　シナノパブリッシングプレス

ISBN978-4-89976-586-8